一瞬で片づく！ずるいパソコン仕事術

中山真敬

宝島社

本書使用ソフトウェア表記について

Microsoft Internet Explorer　→「インターネット・エクスプローラー」
Microsoft Word　→「ワード」
Microsoft Excel　→「エクセル」
Microsoft PowerPoint　→「パワポ」
Microsoft Outlook　→「アウトルック」
Microsoft IME　→「IME」

本書で使用した主なソフトウェアのバージョンについて

Windows10 PRO　バージョン1607（64Bit）
Microsoft Edge 38.14393.0.0
Microsoft InternetExplorer11
Microsoft Word2010、2016
Microsoft Excel2010、2016
Microsoft PowerPoint2010、2016
Microsoft Outlook2010

はじめに

できる人、できない人の違いは ちょっとしたことの積み重ねに過ぎない!

仕事ができる人、できない人はパソコン力で決まる——。

仕事でパソコンを使っていない人はほとんどいないでしょう。大半の時間、パソコンに向かっているという人も多いと思います。就職や転職においても、パソコンは人材要件の1つ。エクセル、ワードくらいはできないと、雇ってもらえません。

今や学校の授業でもパソコンを習う時代ですから、若い世代でパソコンがまったく使えないという人はいないと思います。しかし、ここ数年で、**若い人のパソコン力は著しく低下している**のです。私は毎年、いくつかの会社で新入社員研修の仕事をしています。そのプログラムの中に、会社案内やレポートを、チームで作成するというものがあります。2日、3日まるまるかけて、ワードやパワポの作品を作成するのをずっと見てきたので、そのパソコン力の変化をよく知っています。

原因は、スマホと互換ソフトの普及。

まず、スマホについては説明不要でしょう。若い人にとって、最も身近な情報ツールはパソコンではなくスマホであり、フリック入力はじめ、むしろ私よりもうまく使いこなせる人は多いはずです。しかし、**その分、パソコンのキーボード、マウスに触る時間は激減**しています。キー入力のスピードを中心に、無意識にパソコンを操作できる、というレベルではありません。

これに輪をかけているのが、エクセル、ワードなどの互換ソフトです。今の若い人はたいていパソコンを持っていますが、そのパソコンにはエクセル、ワードが入っていません。学生にとってエクセル、ワードは高価。だから、ネットで入手した安い互換ソフトで代用している人が多いわけです。

するとどういうことになるか。

エクセルやワードのさまざまな機能を、使いこなそうとしなくなります。特に、ショートカットキーなどの効率ワザを覚えなくなります。例えばワードなら、「Ctrl」キー＋「E」で、文字を中央揃えにできます。実は互換ソフトでもたいていのショートカットキーは同様に使えるのですが、例えば「KINGSOFT Office」のワザとしてショートカットキーが紹介されることはありません。だから、使えることも知らないまま、覚えなくなってしまうのです。

私の感覚値では、最近の新入社員のパソコン力は、10年前のレベルです。さすがに20年前のように、指1本でポチポチとキーを押すような人はいませんが、「できる！」という感じではありません。2008年のリーマンショック後、パソコンくらいできないと就職できないという危機感が強かったせいか、パソコン力は著しく向上しました。しかし、3年前をピークに、またパソコン力の低下が始まったのです。

これって、実は大変なことです。

仕事は、学校のように学年ごとに分かれていません。先輩社員が素早くパソコンを操作するのを見て、「すごいなー」と思っても、仕事を続けていればそのうちああなる、くらいにタカをくくっているのではないでしょうか。何しろ、同期社員は似たようなレベルですから。優秀な世代、出来の悪い世代はあるものですが、これでは世代の断絶が生まれてしまいます。みなさんの「評価が上がらず、出世も昇給もしない」のはもちろんですが、大げさに言えば、日本経済の危機です。

パソコンは道具にすぎません。その気になれば、半年もあれば達人級に使いこなせるようになります。若い世代のパソコン力は全体的に落ちていますから、これはみなさんにとって、ライバルと差をつける大きなチャンスです。

長年、日本はホワイトカラーの生産性が低いと言われ続けてきましたが、最近、過労死事件で残業に対して世間の風当たりが強くなってきました。生産性を上げて、短い時間で今まで以上の仕事をこなせることが、急務となっているのです。

☆

本書の最大の特長は、仕事で、即使える、役に立つ実践的なものであるということです。

私はもともと“パソコンの人”ではありません。父が新しモノ好きで、パソコンがマイコンと言われていた高校生の頃から触るようになったので、パソコン歴こそ35年以上ありますが、大学卒業から今に至るまで、自らビジネスパーソンとして仕事してきました。かつての上司に半ば騙されてパソコン誌の編集に携わるようになって、そこからパソコン術のプロという肩書が加わりました。「趣味的に、ITに詳しい人は多いが、ビジネスとITの両方わかる人はほとんどいない」と存在価値を認められていますが、つまりは、実際にどういう場面でパソコン作業にてこずっているのか、面倒と感じているのかといった、実務に即したパソコンの効率ワザを知っているということです。

2008年に、『たった3秒のパソコン術』（三笠書房知的生きかた文庫）というショートカットキーなどの効率ワザを紹介する本を書き、70万部超のベストセラーになりました。当時はショートカットキーは中上級者向けとされ、初心者向けに書かれた本はありませんでしたが、それ以降、類似本が多数出され、今ではショートカットキーという言葉を聞いたことがないという人はほとんどいないと思います。

同書の前書きで、**「仕事ができる人ほどマウスを使わない！」**という一文を書きましたが、これは今なお真理です。いや、パソコン力が低下しているから今だからこそ、改めてこのことを発信する必要が高まっているのかもしれません。

本書は体系書ではありません。私の仕事の現場感覚から、使える頻度の高い、役に立つワザを厳選しました。

全部覚える必要はありません。**気に入ったワザ、すぐ役に立ちそうなワザを覚えていただけば、覚えた数に比例して仕事の効率がアップする**からです。

知っていると知らないで大違い——仕事の効率はちょっとした効率化の積み重ねです。他人が手こずっている仕事を効率ワザで、一瞬で片づけるのを見れば、「ずるい」と感じるに違いありません。あなたも、本書で面倒な作業を一瞬で片づけて、より多くの成果を上げてください。

中山真敬

『一瞬で片づく！ ずるいパソコン仕事術』 目次

3章 「移動」「スクロール」が一気に加速する「ずるいワザ」

4章 画面表示が快適になる「ずるいワザ」

5章 これだけ! 基本作業が一瞬で片づく「ずるいワザ」

6章 もう迷わない! ファイル管理の「ずるいワザ」

7章 エクセルが得意になる ㊢の「ずるいワザ」

8章 文書作成が得意になるワードの㊢「ずるいワザ」

9章 プレゼン資料がたちまちできるパワポ㊢「ずるいワザ」

10章 よく使うアプリの仕事が速くなる「ずるいワザ」

パソコン「画面」の基本

基本となるパソコンの画面が「デスクトップ」。アプリを立ち上げるなどの操作を行う場合にはメニュー画面を表示する。まずは各部の名称を覚えよう。

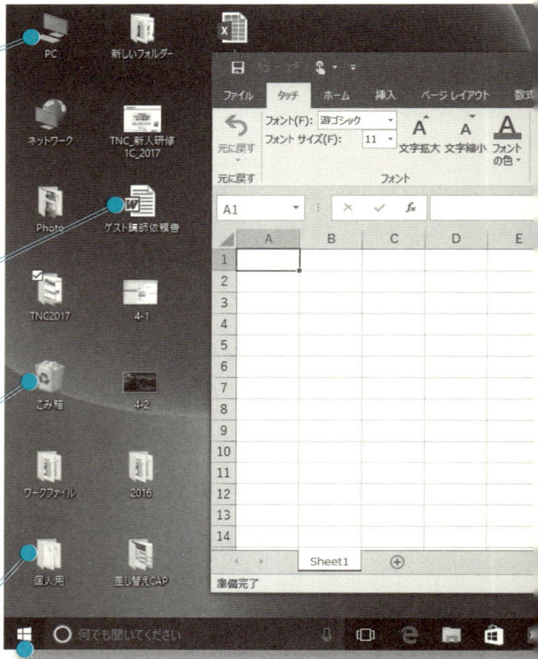
PC
新しいフォルダー
ネットワーク
TNC_新人研修
1C_2017
Photo
ゲスト講師依頼書
TNC2017
4-1
ごみ箱
4-2
ワークファイル
2016
個人用
差し替えCAP
ファイル
タッチ
ホーム
挿入
ページ レイアウト
元に戻す
フォント(F):
游ゴシック
フォント サイズ(F):
11
文字拡大
文字縮小
フォント
の色
フォント
A1
Sheet1
準備完了
何でも聞いてください

アイコン

ファイルやフォルダなどを、わかりやすいように絵にして表示したもの。

ファイル

書類。データを管理する最小単位。

ごみ箱

ファイルやフォルダをここに移動することで削除できる。

フォルダー

複数のファイルなどを収納する整理用の入れ物。

「スタート」ボタン

クリックすると、Windowsのメニュー画面が表示され、終了や再起動、コントロールパネル、アプリの起動が行える。

リボン・ツールバー

各種機能を使う場合、クリックするのが「ツールボタン」。ツールボタンがズラリと並んだ部分を「ツールバー」と呼ぶ。ワード、エクセルではツールバーをタブで切り替えることができるが、これを「リボン」と呼ぶ。

ウィンドウバー

ウィンドウの上部の棒状の部分。ここをクリックしたまま動かせば、ウィンドウの場所を移動できる。

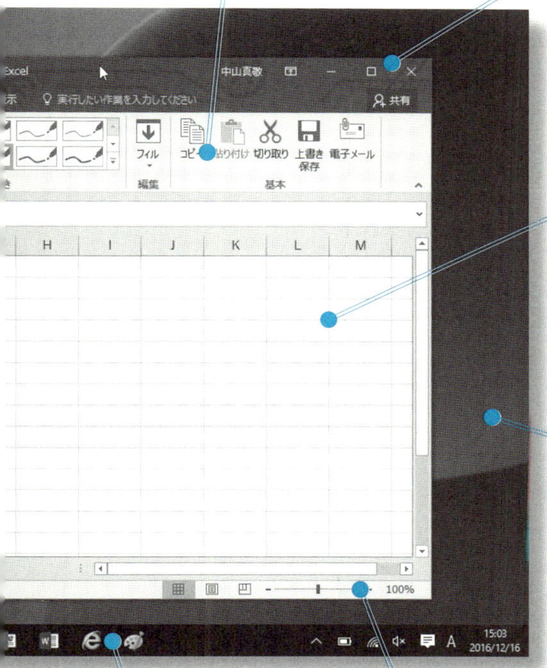

Excel
中山真敬
実行したい作業を入力してください
共有
フィル
切り取り
上書き保存
電子メール
編集
基本
H
I
J
K
L
M
100%
15:03
2016/12/16

ウィンドウ

ファイルなどを開いて表示したもの。窓の形に似ていることからこう呼ぶ。

デスクトップ

パソコンの画面全体を「机の上」に見立ててこう呼ぶ。

タスクバー

開いているウィンドウを示したり、よく使うアプリを登録しクリック1つで立ち上げられるようにする。

ステータスバー

ウィンドウの最下部の棒状の部分。表示倍率などウィンドウの状態が示される。

パソコン「キーボード」の基本

キーボードには、デスクトップ用とノート用がある。
デスクトップ用は使い勝手重視。打ちやすいようキーが大きめで、[Shift][Ctrl] などが左右両方にあるものが多い。また、数字入力用に電卓のようなテンキーもある。ノート用はコンパクトさを重視。[Home][End] などを、ノート独自の [Fn] キーといっしょに押すことで別のキーに割り当て、キーの数を減らしてある。

デスクトップ用「JIS キーボード」

6
10
3
3
10
1 4 2 7 2 4 1 8 9

ノート用

6
10
3
3
1 5 4 2 7 1
8

「よく使うキー」について

❶ コントロールキー

Ctrl

パソコンの機能を操る（コントロールする）キー。「3秒ワザ」の主役となるキーだ。

❷ オルタネート（オルト）キー

Alt

「オルタネート（Alternate）」とは「交替する」「互い違い」の意味。つまり、[Alt]は、文字の入力をワザに切り替えるキーということだ。

❸ シフトキー

Shift

「シフト（Shift）」は「位置を移動する」の意味。キーに書かれた他の文字を入力したり、大文字／小文字を切り替えたりする。

❹ ウィンドウズキー

ウィンドウズのシンボルマークが描かれたキー。ウィンドウズを便利に操作するためのワザが使える。

❺ ファンクションキー

Fn

ノート独自のキーで、[Home][End]などキーに青字で書かれている機能を使いたいときにいっしょに押す。

❻ 12個のファンクションキー

F12 ～ F1

デスクトップ、ノート共通でワザ専用の12個のキーがある。割り当てられた機能はアプリによってさまざまだ。

❼ スペースキー

基本は空白1文字の入力。キーボードで唯一、何も書かれていないキー。一番押しやすい場所にあるので、多くのワザに使われる。

❽ 方向キー

↑ ← ↓ →

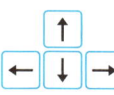

カーソルを移動したり、範囲指定を変えるのに使う。カーソルキー、矢印キーともいう。

❾ テンキー

7	8	9
4	5	6
1	2	3
0		

0～9の10個の数字の入力用なので、こう呼ぶ。ノートには、[Num LK（ナンバーロック）]を押して別のキーで代用するものもある。

❿ エンターキー

Enter ↵

「エンター（Enter）」は「入れる」の意味。入力を確定するキー。「決定」「変換の確定」「改行」などを行う。

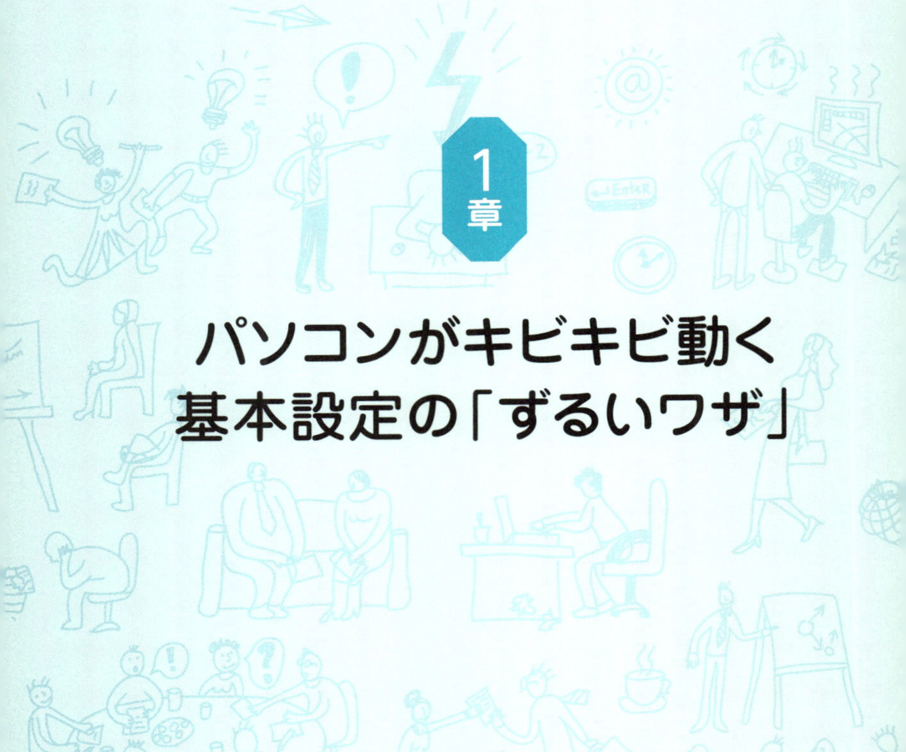

1章

パソコンがキビキビ動く基本設定の「ずるいワザ」

そもそもパソコンというものは、起動や処理が遅くて、ストレスを感じている人が多いと思います。
しかし、現実にエクセルやワード、メールなどは、動画の編集などと違い大してパソコンに負荷はかかりません。
それなのに、なぜこんなに処理に時間がかかるのか。なぜこんなに反応が鈍いのか。なぜ、ときにはフリーズまでしてしまうのか——こうしたストレスを解消するカギが、パソコンの基本設定の変更です。
パソコンの性能不足と勘違いして、新しいパソコンに買い替えても、実はあまり効果がありません。買ったままの状態から、基本設定を少しいじったほうが、はるかにパソコン操作を効率化できます。まずは、パソコン操作のワザをご紹介する前に、「設定」ひとつでパソコンが高速化する「ずるいワザ」をご紹介しましょう。

設定のみ
一度設定すれば、その後はそのまま使えるワザ

1
キー
ショートカットキーの中でもキー1つで使えるワザ

ショートカット
「Ctrl」キー+などショートカットキーを使ったワザ

マウス
キーとの組み合わせなど、マウスがパワーアップするワザ

仕事が効率化する考え方やアイデア仕事術

001

マスターしたらcheck!

不要な常駐ソフトを停止してパソコンの起動を高速化する

朝出社してパソコンの電源を入れても、仕事ができる状態になるまで、意外に時間がかかりますよね。これは基本ソフト（OS）のWindowsなど、起動に必要なソフトを順番に読み込んでいるからです。日本語入力ソフトなど、自分で立ち上げなくてもずっと立ち上がっているソフトを常駐ソフトと言いますが、実は、仕事には関係ない（というか、まず使うことのない）ものがけっこう含まれています。

パソコンの起動中、ハードディスクがカシャカシャと音がして、画面右下に1つずつアイコンが増えていきますね。この**常駐ソフトの読み込みをやめれば、その分、パソコンがすぐに使える**ということです。それを知らなければ、仕事が速い人に1日のスタートから差をつけられてしまうのです。

それだけではありません。

常駐ソフトは、その分、パソコンのメモリーを食います。1つひとつは大した容量ではありませんが、塵も積もれば山。起動に時間がかかるばかりでなく、**エクセルやワードなどに割り当てるメモリーが少なくなってしまう**ので、動作が遅くなったり、**フリーズの原因**になるのです。特に、国産メーカーのパソコンには、サポートサービスの小ウィンドウなどいろいろなソフトがバンドルされています。不要な常駐ソフトをなくせば、

不要な常駐ソフトを無効にする

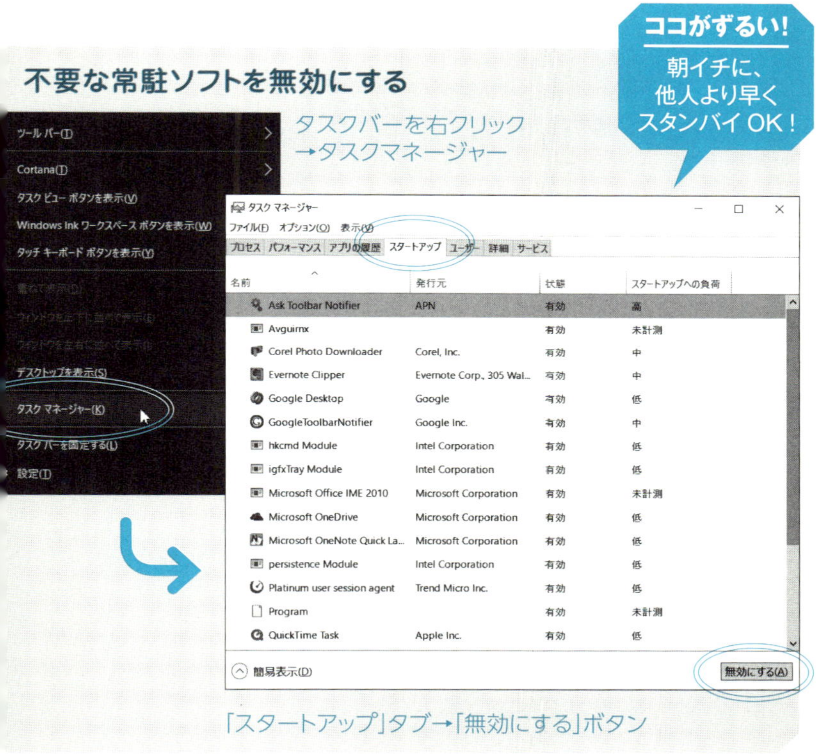
ココがずるい!
朝イチに、
他人より早く
スタンバイ OK!
タスクバーを右クリック
→タスクマネージャー
ツール バー(T)
Cortana(T)
タスク ビュー ボタンを表示(V)
Windows Ink ワークスペース ボタンを表示(W)
タッチ キーボード ボタンを表示(Y)
デスクトップを表示(S)
タスク マネージャー(K)
タスク バーを固定する(L)
設定(T)
タスク マネージャー
ファイル(F) オプション(O) 表示(V)
プロセス パフォーマンス アプリの履歴 スタートアップ ユーザー 詳細 サービス
名前 発行元 状態 スタートアップへの負荷
Ask Toolbar Notifier APN 有効 高
Avguirnx 有効 未計測
Corel Photo Downloader Corel, Inc. 有効 中
Evernote Clipper Evernote Corp., 305 Wal... 有効 中
Google Desktop Google 有効 低
GoogleToolbarNotifier Google Inc. 有効 中
hkcmd Module Intel Corporation 有効 低
igfxTray Module Intel Corporation 有効 低
Microsoft Office IME 2010 Microsoft Corporation 有効 未計測
Microsoft OneDrive Microsoft Corporation 有効 低
Microsoft OneNote Quick La... Microsoft Corporation 有効 低
persistence Module Intel Corporation 有効 低
Platinum user session agent Trend Micro Inc. 有効 低
Program 有効 未計測
QuickTime Task Apple Inc. 有効 低
簡易表示(D)
無効にする(A)
「スタートアップ」タブ→「無効にする」ボタン

あなたのパソコンはもっと速く、フリーズしにくくなります。

パソコンの起動時に立ち上げる常駐ソフトを減らすには、**画面の下＝タスクバーを右クリックして、「タスクマネージャー」**を選びます。そして、「タスクマネージャー」のタブで「スタートアップ」を選ぶのです。

これを行うと、起動時に立ち上がるソフトが一覧で表示されます。不要なものをクリックして選び、ウィンドウ右下の「無効にする」ボタンをクリックして無効化する——これで、パソコン起動時に、いちいち立ち上がらなくなります。

ずるい仕事術 002 設定のみ

マスターしたら check!

Windowsの不要なサービスを無効にしてメモリーを節約する

使わないのに、パソコンを起動すると自動的に立ち上がって常駐するソフトは、Windows の中にもたくさんあります。001 で説明した通り、常駐ソフトは少ないほうが、起動が速くなり、消費するメモリーも少なくなります。パソコンが快適に使えるようになるのです。

Windows の常駐ソフト、それがサービスです。これを無効にするには、**「Windows」キーを右クリックして、「コンピューターの管理」をクリックし、開いた Window 上で「サービスとアプリケーション」→「サービス」をそれぞれクリック**します。表示されたサービスの多さに驚くのではないでしょうか。この中から、自分には**不要なサービスをダブルクリックし、「スタートアップ」の種類を「無効」にする**――これで完了です。

この操作手順は、Windows10 のものですが、Windows7 なら、「スタート」ボタンををクリックし、表示される検索ウィンドウに、「msconfig」と入力し、「Enter」キーを押すと、「システム構成」のウィンドウが表示されます。「サービス」タブを選んで無効にしたいサービスのチェックボックスのチェックを外して「適用」ボタンをクリックすれば OK。

このワザが特に有効なのは、Windows10。**Windows10 は、Microsoft の思惑で、スマホやタブレットとの連携が強化され**

ココがずるい!
パソコンが高速化
フリーズも減る!

Windowsのサービスを無効にする

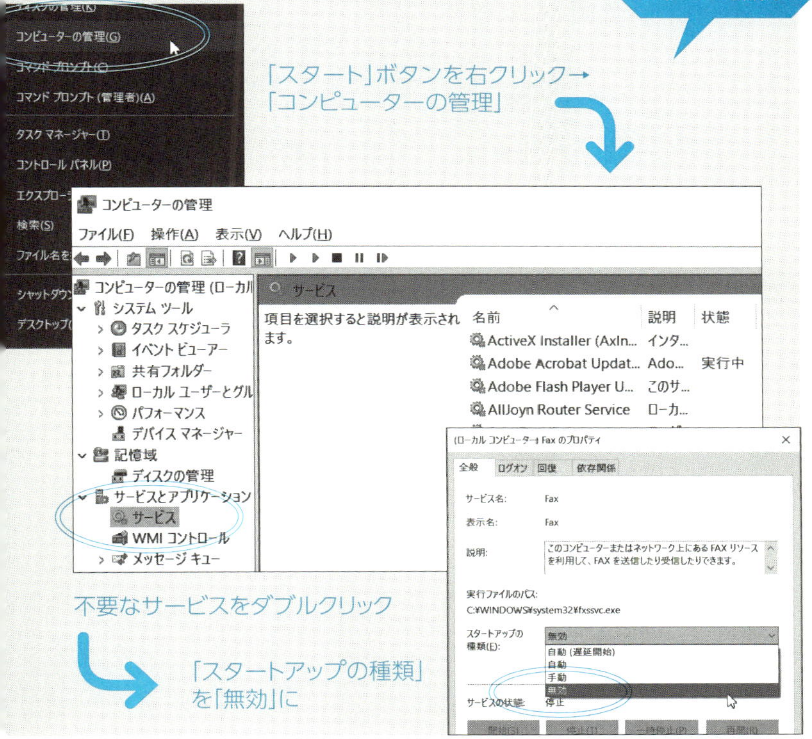

「スタート」ボタンを右クリック→
「コンピューターの管理」
不要なサービスをダブルクリック
「スタートアップの種類」
を「無効」に
コンピューターの管理
ファイル(F) 操作(A) 表示(V) ヘルプ(H)
コンピューターの管理 (ローカル
システム ツール
タスク スケジューラ
イベント ビューアー
共有フォルダー
ローカル ユーザーとグル
パフォーマンス
デバイス マネージャー
記憶域
ディスクの管理
サービスとアプリケーション
サービス
WMI コントロール
メッセージ キュー
項目を選択すると説明が表示されます。
名前
説明
状態
ActiveX Installer (AxIn...
Adobe Acrobat Updat...
実行中
Adobe Flash Player U...
AllJoyn Router Service
(ローカル コンピューター) Fax のプロパティ
全般
ログオン
回復
依存関係
サービス名:
Fax
表示名:
説明:
このコンピューターまたはネットワーク上にある FAX リソースを利用して、FAX を送信したり受信したりできます。
実行ファイルのパス:
C:¥WINDOWS¥system32¥fxssvc.exe
スタートアップの種類(E):
無効
自動 (遅延開始)
自動
手動
サービスの状態:
停止

た分、不要な機能が大幅に増えたからです。

ただ、不要な機能といってもよくわからないし、Windowsの設定を変更するのは不安という人が大多数だと思います。

そこで、多くの人にとって不要と思われる機能を、簡単な説明とともにリストアップしました。パソコンで「Fax」を使用しない人なら「Fax」、パソコンで仮想マシーンを使用しない人なら「Hyper-V」関連……といったものです。

これを行えば、メモリーの節約ができ、パソコンの起動時間が短縮できる上に、処理速度が劇的に向上します。フリーズする確率も格段に減少します。

多くの人に不要なサービス一覧

サービス名	説明
Bluetooth Handsfree Service	パソコンでワイヤレスのヘッドセットを使えるようにする機能
Fax	パソコンで Fax を使えるようにする機能
Hyper-V ·········	仮想マシーンを使用するための機能。8 項目あり
Remote Desktop ·········	デスクトップをリモート操作するための機能。3 項目あり
Remote Registry	リモートで Windows の設定情報を変更する機能
Routing and Remote Access	リモートでパソコンの操作を行う機能
Secure Socket Tunneling Protocol Service	VPN（仮想プライベートネットワーク）を使用するための機能
Sensor Data Service	モニターの輝度などのセンサーを使用するための機能。センサー付きのパソコンはほとんどないのが実態
Sensor Monitoring Service	
Sensor Service	
Smart Card	カード認証を行うための機能
Smart Card Device Enumeration Service	スマートカードのエミュレーション機能
Telephony	ビジネスフォンをコントロールする機能
Touch Keyboard and Handwriting Panel Service	タッチパネルを行うための機能。タッチパネル非対応のパソコンなら不要
Windows Biometric Service	生体認証を行うための機能
Xbox Live ·········	ゲーム機 Xbox をパソコンと連携させるための機能。3 項目あり

Column

極論は画面、音などの「質」を落とせばパソコンは速くなる

パソコンに一番負荷がかかっている処理って何でしょう。

——それは、ずばり画面のグラフィック処理です。今のパソコンは、フルカラーでたくさんのドットで点画を描くように画面を表示しています。これを動かし続けるのですから、相当な負荷がかかっているのは間違いありません。このため、ハイスペックなパソコンはGPU（Graphic Processing Unit）という画面表示用の処理装置をCPUと別に設けてあるくらいです。

フォントの表示をなめらかにしない、ムダな視覚効果をやめる、といったワザを使えばパソコンは高速化できます。

やり方は、「スタート」ボタンを右クリック→「システム」→「システムの詳細設定」→パフォーマンスの「設定」→「視覚効果」タブで、「カスタム」を選び、不要な視覚効果のチェックボックスのチェックをクリックして外す——これでOK。音も出さない設定にすれば、さらにパソコンは高速化します。ただ、私はあえてお勧めはしません。

画面の見た目は心理的に影響します。見た目が汚いとやはり気になってしまいますし、何より気持ちよくないからです。パソコンに向かって、ひたすら入力し続けることはまずありません。手を止めて考える時間もあります。物理的な高速化ワザを追求するより、快適に仕事できるようにしたほうが、仕事の効率はむしろ上がると私は思います。

ずるい仕事術

003

設定のみ

マスターしたらcheck!

マウスのポインターがキビキビ動くよう設定変更する

作業の効率に一番大きく影響するのがマウスの動きです。「仕事ができる人ほどマウスを使わない」とはいっても、かなりの時間をマウス操作には費やしているからです。

マウスのポインターを動かすとき、動きが遅くてかなりの距離を動かさなくてはならない、という経験は誰でもありますね。マウスを目いっぱい動かして、それでも足りず、持ち上げて最初のところに移動させて、またマウスを動かさなくてはならない場合だってあります。これでは快適に、効率よく作業できるわけがありません。基本設定を変更して、マウスが速く動くようにすれば、仕事が一気にはかどります。

「Windows」キー→「設定」→「デバイス」で「マウスとタッチパッド」を選び、「その他のマウスオプション」→「ポインターオプション」タブで、つまみを動かしてポインターの速さを調節すればいいのです。

ただ、マウスには、真逆の2つのポイントがあります。

①マウスのポインターは、速く動かせたほうが効率がいい、②しかし、マウスは少しだけポインターを動かすような、細かい操作が苦手――マウスのポインターが速く動く設定にするのはいいのですが、選択メニューを選ぶとき、範囲指定をするときなど、そうっとゆっくり動かさなくてはならないようだと、

マウスは手の延長。ちょうどいい速さに設定する

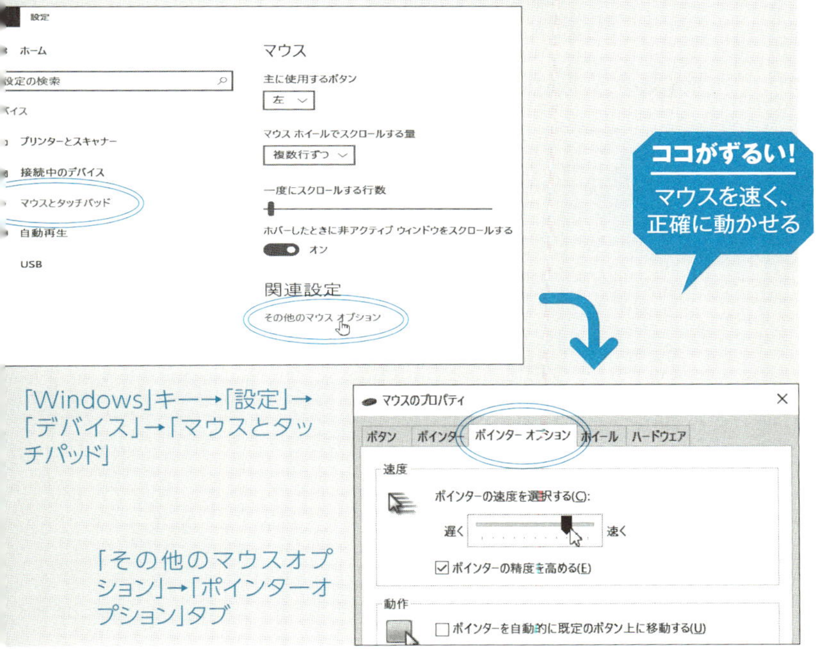
設定
ホーム
設定の検索
プリンターとスキャナー
接続中のデバイス
マウスとタッチパッド
自動再生
USB
マウス
主に使用するボタン
左
マウス ホイールでスクロールする量
複数行ずつ
一度にスクロールする行数
ホバーしたときに非アクティブ ウィンドウをスクロールする
オン
関連設定
その他のマウス オプション
ココがずるい!
マウスを速く、
正確に動かせる
「Windows」キー→「設定」→「デバイス」→「マウスとタッチパッド」
「その他のマウスオプション」→「ポインターオプション」タブ
マウスのプロパティ
ボタン
ポインター
ポインター オプション
ホイール
ハードウェア
速度
ポインターの速度を選択する(C):
遅く
速く
ポインターの精度を高める(E)
動作
ポインターを自動的に既定のボタン上に移動する(U)

かえって仕事の効率が落ちてしまいます。だから、一番速く設定するのがいいわけではないのです。

　結論から言えば、ちょうどいいマウスの速さの設定は人それぞれ。操作に慣れてくると、マウスを速くしても意外に正確に動かすことができるからです。実際に動かして、自分がちょうどいいという速さにするのがコツです。**「ポインターの精度を高める」にチェックを入れて、正確に動くようにしておくこと**も大切。設定を変えたら、マウスを動かしてみて、感覚的に自分に一番フィットする速さかどうか確かめるといいでしょう。

004 設定のみ

マスターしたら check!

タッチパッドのタッピングを無効にしてカーソルの誤作動をなくす

このワザは、ノートパソコンを使っている人には絶対にオススメです。ノートパソコンを使っていて、入力中などに突然カーソルの位置が全然違うところにジャンプしてしまった、という経験、ありますよね。あるいは、ファイルをドラッグしてコピーや移動しているときに、開いてしまったり。

これは、ノートパソコンのタッチパッドは、タッチでクリックできるようになっているせい。そのため、クリックしたつもりはなくても、パソコンが勝手にクリックと勘違いしてしまうことがよく起こるのです。カーソルがジャンプしてしまうのも、キーボード入力する手がタッチパッドに少し触れてしまうとかが原因で起こります。

私の場合、ふだんはデスクトップパソコンで、外出時だけA4 サイズのノートパソコンを持ち歩いています。ところが、カーソルが勝手に動いてしまうというこの現象のために、短い文章を書くだけでも、ものすごい時間がかかってしまいます。発熱対策で CPU の性能が低いので、緊急用とはいえ、デスクトップパソコンなら 10 分ですむ作業が、1 時間かかってしまうのです。これでは、効率が悪すぎて話になりません。

こうした不便さが一気に解消できる「ずるいワザ」があります。それは「タッチパッドをタッチ=クリック」という機能を

ココがずるい!

ノートPCのタッチパッドが使いやすくなる

タッチパッドのタッピングを無効にする

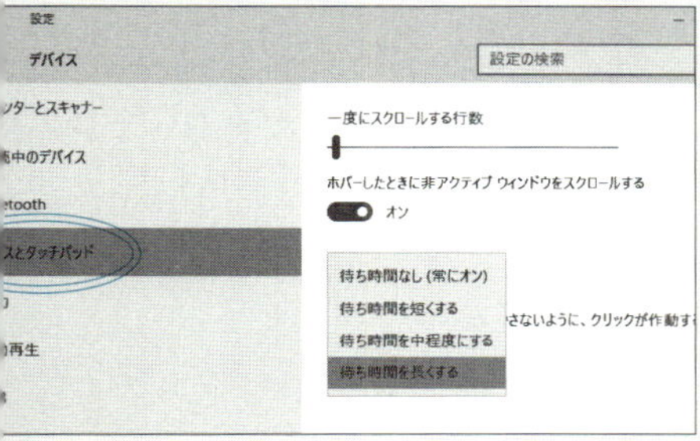
設定
デバイス
設定の検索
一度にスクロールする行数
ホバーしたときに非アクティブ ウィンドウをスクロールする
オン
待ち時間なし (常にオン)
待ち時間を短くする
待ち時間を中程度にする
待ち時間を長くする

「Windows」キー→「設定」→「デバイス」→「マウスとタッチパッド」→「待ち時間を長くする」

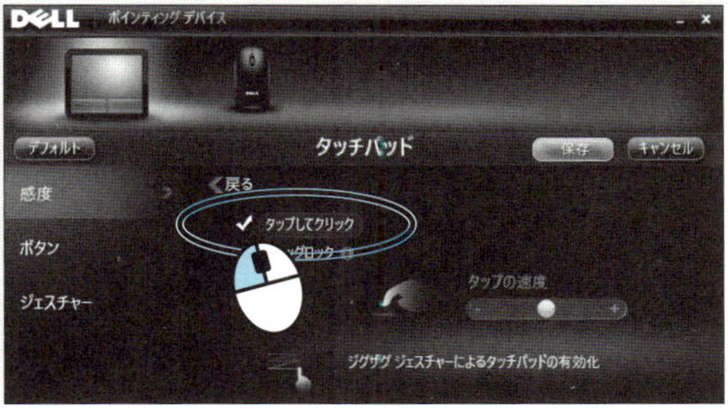
DELL
ポインティング デバイス
デフォルト
タッチパッド
保存
キャンセル
感度
ボタン
ジェスチャー
戻る
タップしてクリック
タップの速度
ジグザグ ジェスチャーによるタッチパッドの有効化

「その他のマウスオプション」でタッピングを無効にする

無効にしてしまうことです。

やり方は、「Windows」キー→「設定」→「デバイス」→「マウスとタッチパッド」を選択。ここで、「タッチパッド」が作動するまでの待ち時間を長くするだけで、かなりの効果があります。完全に無効にするには、「その他のマウスオプション」をクリックして「ポインティングデバイス」の設定画面（メーカーにより異なる。ここではデルの場合）を表示し、「タップしてクリック」のチェックを外して「保存」をクリックします。

最初からこの設定にしておけと言いたくもなりますが、これでノートパソコンの作業が5倍ははかどります。

005

設定のみ

よく使うアプリを素早く起動できるようにする

Windows でアプリを立ち上げるのは意外に面倒です。「よく使うアプリ」は、スタートメニューを表示すると上のほうに一覧になっていますが、けっこう使っているはずのアプリが含まれていなかったりします。

このため、**A から順番に表示されるたくさんのアプリを、スクロールして探し出さなくてはなりません**。しかも、アプリは例えば「メモ帳」や「ペイント」が、「Windows アクセサリ」フォルダーの中にあるなど、「どこにあるかわからない」ということも少なくありません。**アプリを探すだけで、けっこうな時間がかかってしまい、何とも非効率**です。

しかし、この非効率をあきらめる必要はありません。よく使うアプリをタスクバーにピン留めしておけば、デスクトップから直接立ち上げることができるようになるからです。

タスクバーへのアプリの登録は簡単。

「Windows」キーを押してスタートメニューを表示し、よく使うアプリが表れたら、これを**タスクバーにドラッグ&ドロップします。すると、アプリのアイコンがずっとタスクバーに表示される**ようになります。これをクリックすれば、即、アプリを立ち上げることができるようになります。

このワザは、実はファイルやフォルダーにも応用がききます。

ココがずるい!
アプリを探す
手間と時間を
大幅カット

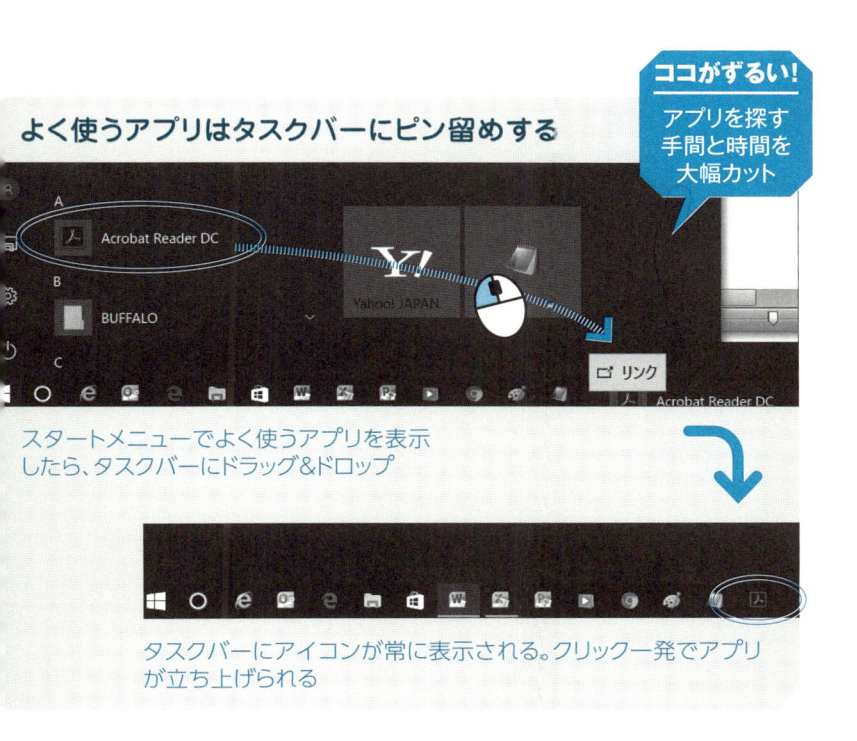

よく使うアプリはタスクバーにピン留めする

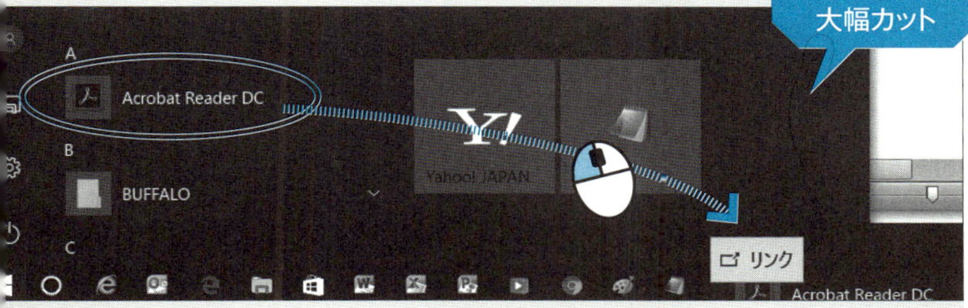
A
Acrobat Reader DC
B
BUFFALO
C
Y!
Yahoo! JAPAN
リンク
Acrobat Reader DC

スタートメニューでよく使うアプリを表示したら、タスクバーにドラッグ&ドロップ

タスクバーにアイコンが常に表示される。クリック一発でアプリが立ち上げられる

もともと、タスクバーのアイコンにはフォルダーの形をしたものがあります。「エクスプローラー」という、ファイルやフォルダーを管理するためのものですが、タスクバーにフォルダーをドラッグすると、「エクスプローラーにピン留めする」と表示されるので、そのままクリックを離してドロップ。

こうしておけば、エクスプローラーのアイコンを右クリックすると、「固定済み」の欄にそのフォルダーが常に表示されるようになります。これをクリックして選べば、たちまちフォルダーを開いて表示することができます。「フォルダーの中のフォルダーの、そのまた中のフォルダー」など、**よく使うが開くのが面倒なフォルダーに特に有効**です。

006 設定のみ

マスターしたらcheck!

ハードディスクをきれいにしてパソコンの反応を速くする

パソコンはしばらく使っていると、だんだん処理スピードが落ちてきます。その理由は、「ファイルの断片化」。

要らないファイルを削除すると、ハードディスクの所々に空きスペースが生まれます。新しく保存するファイルは、こうした空きスペースにも保存されるため、本来なら関係のあるファイルは近い場所にあったほうがいいのに、バラバラの場所に保存されてしまいます。

しかも、削除したファイルも実はすぐにハードディスクから消されてしまうわけではありません。パソコンを使っているうちに、こうしたゴミファイルがどんどんたまっていきます。このため、必要なファイルを探すのにどんどん時間がかかるようになっていくというわけです。

関連の深いファイルをハードディスクの近い場所に集めて読み込みを速くしよう、というのが「ドライブのデフラグと最適化」。ゴミファイルをきれいに消去してスッキリさせるのが「ディスククリーンアップ」。ともに、スタートメニューの「Windows管理ツール」の中にあります。

ハードディスクは、ディスクを高速回転させて必要なデータを読み書きする仕組みになっています。物理的な動作が必要な分、最近の大容量ハードディスクだとかなりの時間を食ってし

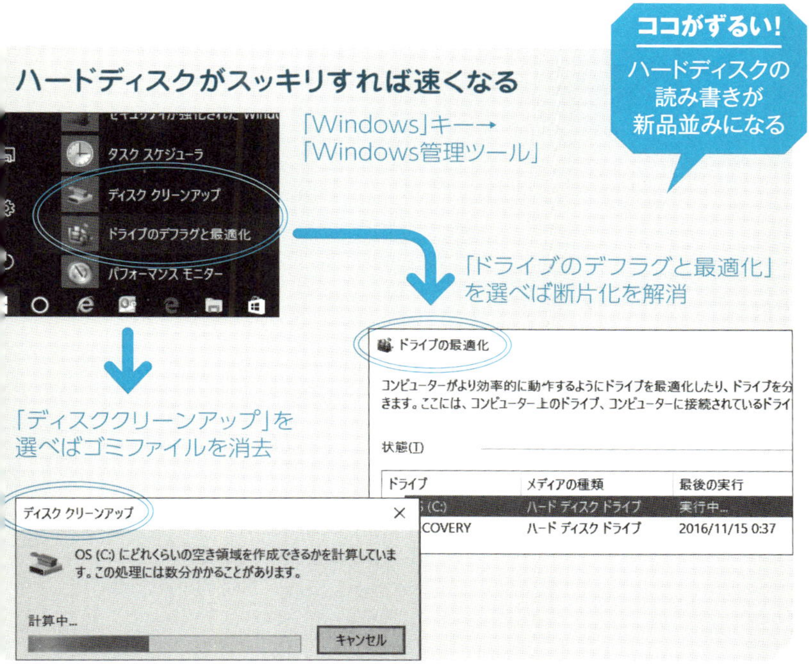
ココがずるい!
ハードディスクの読み書きが新品並みになる
ハードディスクがスッキリすれば速くなる
「Windows」キー→「Windows管理ツール」
タスク スケジューラ
ディスク クリーンアップ
ドライブのデフラグと最適化
パフォーマンス モニター
「ドライブのデフラグと最適化」を選べば断片化を解消
「ディスククリーンアップ」を選べばゴミファイルを消去
ドライブの最適化
コンピューターがより効率的に動作するようにドライブを最適化したり、ドライブを分
きます。ここには、コンピューター上のドライブ、コンピューターに接続されているドライ
状態(T)
ドライブ
メディアの種類
最後の実行
ハード ディスク ドライブ
実行中...
COVERY
ハード ディスク ドライブ
2016/11/15 0:37
ディスク クリーンアップ
OS (C:) にどれくらいの空き領域を作成できるかを計算しています。この処理には数分かかることがあります。
計算中...
キャンセル

まいます。ちなみに、ディスクは外周に近いほうが円が大きくなるため、同じ回転数なら外周のほうがデータの読み書きが速い——これに着目して、ソースネクストの「驚速」というアプリも市販されていますが、それくらい、ハードディスクの読み書きには時間がかかるもの。クリーンアップ、デフラグと最適化を行えば、パソコンは驚くほど処理が速くなります。

　なお、最近普及し始めているSSDは、USBメモリーのように、素早くデータにアクセスできるのが売り。物理的な回転をしないので、故障にも強いです。普及とともに価格も下がってきているので、買い替える場合には、ハードディスクではなく、SSD搭載モデルを検討してもよいかもしれません。

007

設定のみ

マスターしたらcheck!

日本語の「予測入力」を無効にして入力を速くする

パソコンの処理速度を上げる方法はほかにもあります。それが、日本語の「変換」です。Windowsの日本語入力ソフトMS IMEには、「予測入力」という機能があります。

スマホがそうですが、ある言葉の一部を入力すると、過去に入力・変換した履歴をもとに、かなり高い精度で変換を予想してくれます。具体的な例を挙げると、「いつも」と入力して変換を行うと、変換候補の一番上に、「いつもお世話になっております」がある、といったものです。

これは非常に便利な機能で、私などは、この機能のおかげで返信メールの作成が半分くらいの時間ですむようになりました。ただし、それはふだん使っているデスクトップパソコンに限っての話です。持ち歩き用のA4ノートパソコンは、CPUの性能がかなり悪く、処理が遅いのが難点です。複数のメールを選択して「削除」しようとしても、アウトルックがすぐに「（応答なし）」となってしまって、処理が行われるまで10秒くらい反応しません。

半ばあきらめていたのですが、ネットの掲示板で、「日本語の予測入力をオフにしたら、入力の反応が劇的によくなった」というのを見て、試しにやってみました。すると、確かに処理速度が格段に上がったのです。

ココがずるい!
入力が設定の変更ひとつで速くなる

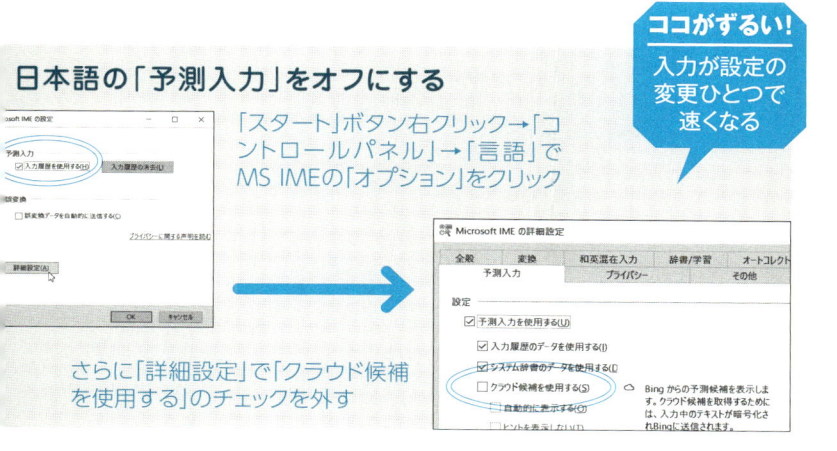

日本語の「予測入力」をオフにする

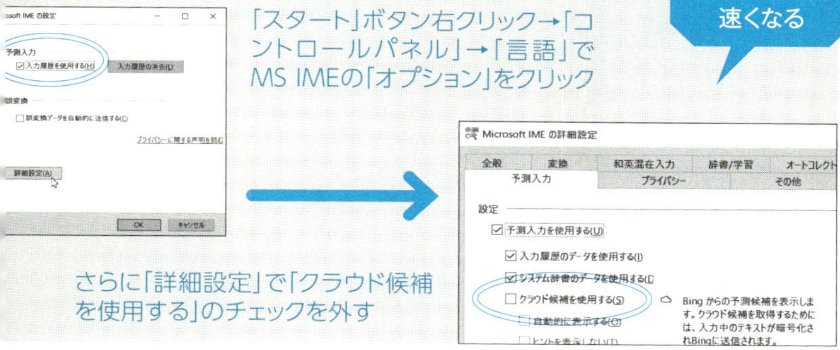
「スタート」ボタン右クリック→「コントロールパネル」→「言語」でMS IMEの「オプション」をクリック
さらに「詳細設定」で「クラウド候補を使用する」のチェックを外す
Microsoft IME の詳細設定
予測入力を使用する(U)
入力履歴のデータを使用する(I)
システム辞書のデータを使用する(D)
クラウド候補を使用する(S)
Bing からの予測候補を表示します。クラウド候補を取得するためには、入力中のテキストが暗号化されBingに送信されます。

結局、「便利さ」の向上とは、パソコンが気の利いたことをやってくれているということ。その分、処理する内容が多くなり、CPU に負荷がかかってしまうということです。当然、パソコンの処理速度も遅くなってしまいます。

入力が遅いとは感じていなかったデスクトップパソコンでも同じように「予測入力」をオフにしてみました。すると、それまでも余裕で処理できていたのか、入力の反応がよくなったという実感は得られませんでした。逆に、「予測入力」で入力の手間が省けていたのを、いちいち自分できちんと入力しなくてはならなくなり、むしろ効率が落ちてしまいます。

だから、このワザは、パソコンで何かしようとすると、すぐに青い○がクルクル回って、「お待ちください」となってしまう、「処理性能が圧倒的に足りない」パソコン向けです。また、一番遅くなる原因は、入力データをクラウドに送信して予測するクラウドなので、「詳細設定」でこれだけチェックを外すのがよいかもしれません。

008

マスターしたらcheck!

同時に開くウィンドウを最小限にとどめておくといい

メモリーの容量は有限です。メモリーの無駄遣いをやめたほうが、パソコンにかかる負荷は小さくなり、キビキビ動くし、フリーズする確率も下がる、ということはわかると思います。

ただ、メモリーを消費するといっても、なかなかイメージがつかないと思います。メモリーの使用状況、さらにはCPUにかかる負荷を確かめてみることにしましょう。

やり方は、タスクバーを右クリックして、「タスクマネージャー」を立ち上げること。「Ctrl」キー＋「Alt」キー＋「Delete」キーで「タスクマネージャー」を選んでもかまいません。

すると、メモリーの使用量は、ワードが15.7メガ、タスクマネージャーが11.4メガとわかります。私のパソコンには4ギガのメモリーが積まれているので、大したことありません。

ただ、メモリーの使用率は、53%。ということは、全体では2ギガ以上のメモリーをすでに使っているのです。また、インターネットエクスプローラー、アウトルックを立ち上げると、それぞれ約65メガ、約60メガ消費量が増えました。

原因はバックグラウンドプロセス。52もの処理が裏で行われているということ。詳細を見ると、ウィルス対策ソフトだけで約100メガものメモリーを使っていました。ノートパソコンや少し古いパソコンには、搭載メモリーが2ギガというも

メモリーは不足しがち。不要なアプリは閉じる

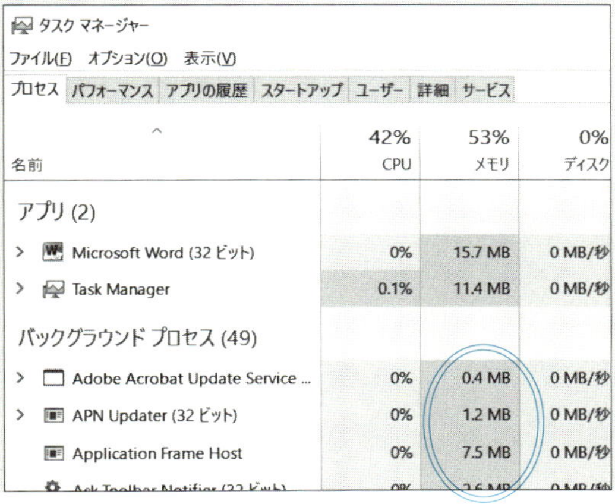

タスク マネージャー
ファイル(F) オプション(O) 表示(V)
プロセス パフォーマンス アプリの履歴 スタートアップ ユーザー 詳細 サービス
名前
42% CPU
53% メモリ
0% ディスク
アプリ (2)
Microsoft Word (32 ビット) 0% 15.7 MB 0 MB/秒
Task Manager 0.1% 11.4 MB 0 MB/秒
バックグラウンド プロセス (49)
Adobe Acrobat Update Service ... 0% 0.4 MB 0 MB/秒
APN Updater (32 ビット) 0% 1.2 MB 0 MB/秒
Application Frame Host 0% 7.5 MB 0 MB/秒

ココがずるい!
仮想メモリーをなるべく使わないと、処理が速くなる

メモリーは何も作業しなくても2ギガ以上使っている!

のもありますから、すでに容量を超えていることになります。

メモリーが少ないパソコンでも、メモリー不足にはなりません。それは、Windows が「仮想メモリー」を割り当てて、ハードディスクをメモリー代わりに使うようになっているからです。とはいえ、いちいちハードディスクを回転させてメモリーを読み書きするのだから、処理速度は遅くなります。

こう見ていくと、アプリをあれもこれも立ち上げると、あっという間にメモリーが足りなくなることがわかります。8ギガあれば余裕しゃくしゃくなのでしょうが、2ギガ、4ギガのメモリー搭載量では決して余裕はありません。このことを、知っておけば、パソコンの負荷は減らそうという意識が働きます。

使わないアプリはまめに終了させ、メモリーを空けておくようにしましょう。パソコンが遅くてイライラすることが激減します。

2章

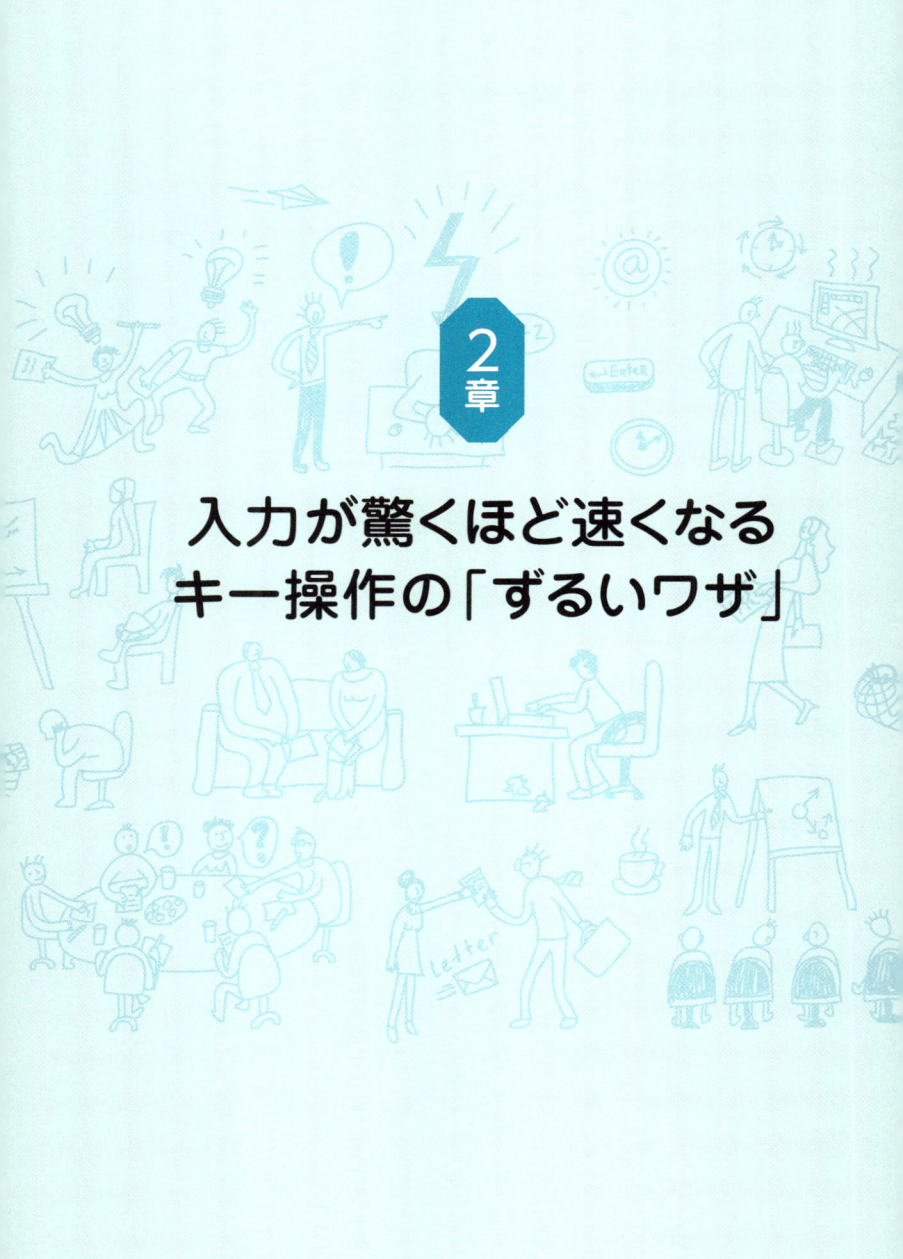

入力が驚くほど速くなる
キー操作の「ずるいワザ」

仕事のパソコンの場合、やはりスピードに差がつくのは、文字の入力です。
といっても、純粋にキー入力を速く行えるようになろうというわけではありません。手元を全く見ない「タッチタイピング」に熟練すれば、1分間に1000文字を入力することだって不可能ではありません。これは1分間に200文字を入力する人の5倍の速さですから、1時間の入力作業が10分少々でできるということ。できるようになるに越したことはありませんが、ここでお伝えしたいのは、極力キーボード上の手を文字入力する状態から動かさないということ。そうすれば、2倍3倍のスピードを手に入れることができるからです。
そのための手段が、ショートカットキー。書式の変更などの操作自体を効率よく行えるだけではなく、キー入力そのもののスピードが違ってきます。

設定のみ
一度設定すれば、その後はそのまま使えるワザ

1
キー
ショートカットキーの中でもキー1つで使えるワザ

ショート
カット
「Ctrl」キー+などショートカットキーを使ったワザ

マウス
キーとの組み合わせなど、マウスがパワーアップするワザ

仕事が効率化する考え方やアイデア仕事術

009

マスターしたら
check!

ショートカットキーには効率のいい指づかいがある

ショートカットキーの一番の利点は、文字をキー入力しているままの状態で、文字の大きさを変えたり、太字にしたりといった操作をスピーディーに行えることです。キーボードとマウスの間で手を行ったり来たりさせる必要がないから、快適に、効率よくパソコンを操作できるわけです。

したがって、通常の文字入力と同様に、手をホームポジションからなるべく動かさないことが重要です。指づかいしだいで、ショートカットキーの威力は大きく変わるということです。

このことを思い知らされたのが、拙著『たった3秒のパソコン術』（三笠書房知的生きかた文庫）を執筆しているときでした。この本では、ワザごとにショートカットキーを押す指づかいを説明してあります。そのきっかけは、編集者との打ち合わせのときでした。打ち合わせ中にパソコンを操作し、コピーのショートカットキー「Ctrl」キー＋「C」を押すと、編集者が驚きの声を上げたのです。

「え、それって片手で押すんですか？」

彼は両手の人差し指で「Ctrl」キーと「C」を押しているとのこと。それで指づかいも説明したほうがいい、ということになりましたが、これは私にとって大きな発見でした。

それ以来、他人のショートカットキーを押す指づかいを注意

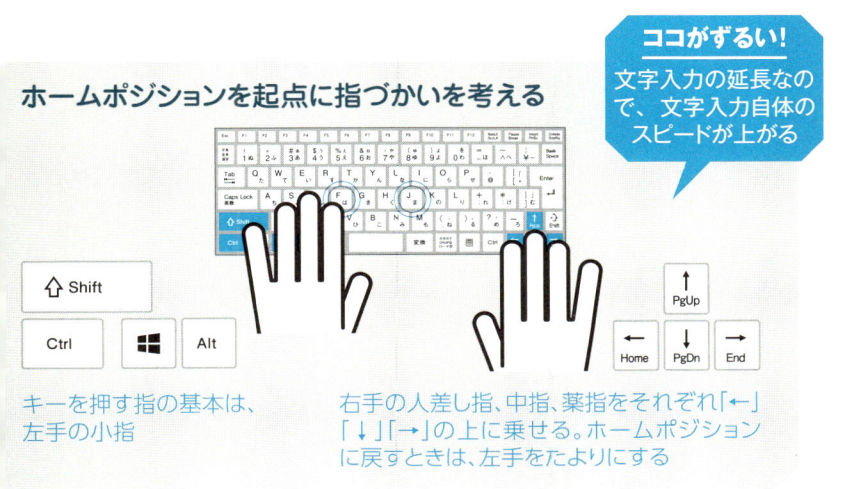

ホームポジションを起点に指づかいを考える

ココがずるい!
文字入力の延長なので、文字入力自体のスピードが上がる

Shift
Ctrl
Alt
PgUp
Home
PgDn
End

キーを押す指の基本は、左手の小指

右手の人差し指、中指、薬指をそれぞれ「←」「↓」「→」の上に乗せる。ホームポジションに戻すときは、左手をたよりにする

して見るようになりました。彼同様、両手の人差し指で２つのキーを押す人が少なくありません。中には、「同時に押す」を厳しく受け止めて、２つのキーを目で確認して指をキーの上に構え､「せいの！」で本当に同時に押している人までいました。これでは、せっかくのショートカットキーも威力半減です。

「Ctrl」「Shift」キーは、ほぼホームポジションのまま左手の小指で押すことができます。つまり､文字の入力を行う延長で､左手の小指で「Ctrl」キー、中指で「C」を押せばコピーできます。また順番としては､「Ctrl」キーだけを押しても何も起こりませんから、まず「Ctrl」キーを押して、押したままにして「C」も押す、ということで十分です。

　ショートカットキーを覚える際は、ホームポジションを起点に、どんな指づかいで押せばよいかを考えることが大切です。正しい指づかいでショートカットキーを使えば、その効率の高さにきっと満足できるはずです。

010

1 キー

マスターしたら check!

「ESC」キーで入力ミスを一瞬で帳消しにする

入力作業で、意外に時間を取られているのが、入力ミスをしたときではないでしょうか。指の位置がホームポジションと違うところにあって、全然違う文字を入力してしまった場合です。こんなとき、いちいち「BackSpace」キーや「Delete」キーを何回も押して1字ずつ消去している人をよく見かけます。

こんな場合は、文字を入力した直後で、「Enter」キーで変換を確定する前なら、「Esc」キーを押してみましょう。すると、下線の付いた変換中の文字を一発で消してしまうことができるのです。

仮に、「Enter」キーを押して、確定をしてしまった場合。「Ctrl」キーを押しながら、「BackSpace」キーを押してみましょう。すると、入力した文字の下に下線が付いて、変換を再開することができます。この状態で、「Esc」キーを押すと、最初の部分の下線が、破線に変わります。もう一度、「Esc」キーを押すと、今度は全体の下線が破線に変わります。そして、さらにもう一度「Esc」キーを押すと、破線になった部分の文字を全て消去してくれるのです。

変換ミスではなく、入力した文字そのものが間違っている場合は、すぐ気づくことが多いですから、「入力し間違えた」と気づいたら、「Esc」キーを押す――これで、文字入力の効率

確定前の入力した文字は、「Esc」キーで取り消せる

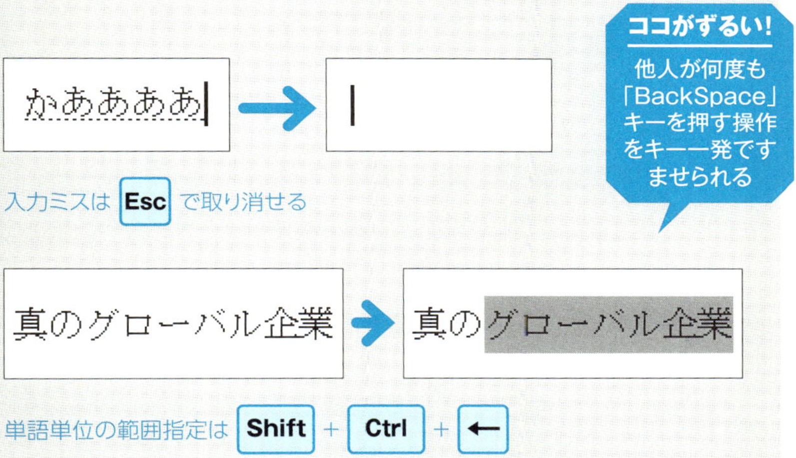
ココがずるい！
他人が何度も「BackSpace」キーを押す操作をキー一発ですませられる
かああああ
入力ミスは Esc で取り消せる
真のグローバル企業
真のグローバル企業
単語単位の範囲指定は Shift ＋ Ctrl ＋ ←

※図は「←」キーを2回押して、「企業」「グローバル」を範囲指定したもの

が大幅にアップします。

ただ、手の癖で、入力したらすぐ「Enter」キーで確定してしまう人もいると思います。そんな人に役立つワザが、「Ctrl」キー＋「←」キーというワザ。

これを行うと、カーソルの位置が1単語分前に来ます。2回押したら2単語分ということです。これを利用して、「Ctrl」キー＋「←」キーと一緒に、「Shift」キーを押すと範囲指定ができますから、複数の単語を同時に選択できます。つまり、効率よく範囲指定して最後に「Delete」キーか「BackSpace」キーを押せば効率よく間違った部分を消去できるのです。

マスターしたら check!

カナ、英数変換の基本「F7」～「F10」を使いこなす

カタカナや英数文字に変換したければ、「F7」～「F10」キーを押せばいいことは、知っている人も多いと思います。

「F7」キーを押すと全角のカタカナに、「F8」キーを押すと半角のカタカナに、「F9」キーを押すと全角の英数文字に、「F10」キーを押すと半角の英数文字に変換できます。

ちなみに、「F6」キーを押すと全角ひらがなに変換できますが、入力したひらがなを、そのまま「Enter」キーで確定すればすむ話なので、これはほとんど必要ないでしょう。

ここまでは知っていた人が多いと思います。しかし、「F7」キーと、「F9」「F10」キーには、入力を効率化できる便利な機能があるのです。

まず、「F7」キーについて。

日本語の変換で一番やっかいなのは、助詞。「リッツカールトンでは」と変換したいのに、「リッツカールトンデは」と変換されてしまうことがあります（「リッツカールトン」は固有名詞で辞書登録されているようで、こうした変換ミスは過去に変換ミスした場合でもなければ起こりませんが……）。

こんな場合、「りっつかーるとんでは」と入力して、「F7」キーを押すと、「リッツカールトンデハ」と全てカタカナに変換されます。もう一度押すと「リッツカールトンデは」と最後

カタカナ、英数は「F7」〜「F10」キーが役立つ

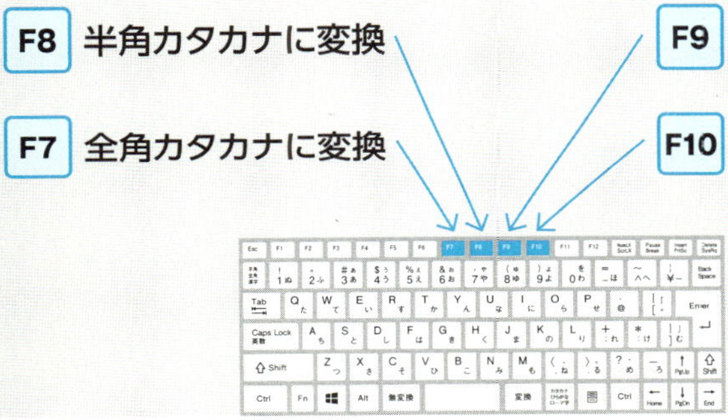
F8 半角カタカナに変換
F9 全角英数に変換
F7 全角カタカナに変換
F10 半角英数に変換

がひらがまに、もう一度押すと「リッツカールトンでは」。つまり、「F7」キーを押すと、後ろから１字ずつひらがなに戻してくれるのです。「F8」キーについては、半角ひらがなというものがないので、このワザは使えません。

また、「F9」「F10」キーは、例えば「ｓｙｓてｍ」と入力して一度押すと、それぞれ「ｓｙｓｔｅｍ」「system」と全て小文字の英数文字に変換されます（大文字入力モードになっている場合は、そのまま全て大文字）。

ここで、もう一度、「F9」「F10」キーを押すと、「ＳＹＳＴＥＭ」「SYSTEM」と全て大文字に変わり、さらにもう一度押すと、「Ｓｙｓｔｅｍ」「System」と、最初だけが大文字に変わります。さらにもう一度押すと、最初の「ｓｙｓｔｅｍ」「system」に戻すことができます。

英数文字を入力するとき、いちいちキーボード左上の「半角／全角」キーを押して、入力モードを切り替えるのが面倒に感じられたことはありませんか。英文の引用など、しばらく英数文

カタカナ、英数は「F7」～「F10」キーが役立つ

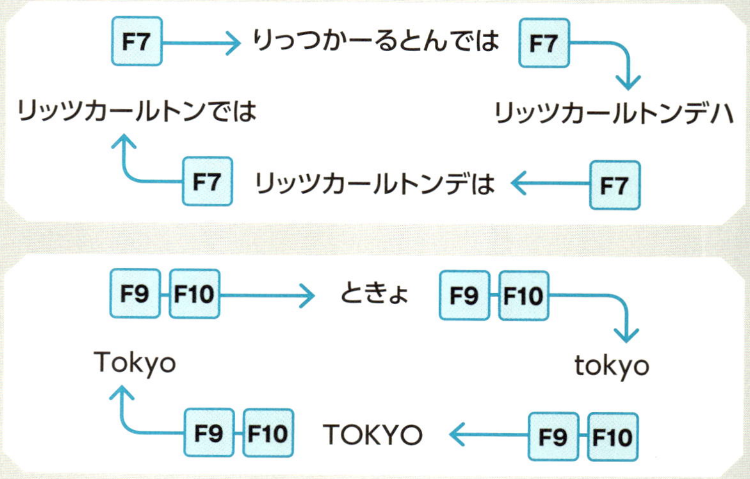
F7
りっつかーるとんでは
F7
リッツカールトンデハ
F7
リッツカールトンデは
F7
リッツカールトンでは
F9 F10
ときょ
F9 F10
tokyo
F9 F10
TOKYO
F9 F10
Tokyo

字を打ち続ける場合は、ひらがな混じりだと正しく入力できたかわかりづらいので、英数入力モードに切り替えたほうがよいでしょうが、日本語の文中に、「NEC」や「YKK」といった文字を入力するのに、いちいち入力モードを切り替えるのはやはり面倒です。

最初だけ大文字の英数文字、例えば「New」と入力したいとき、「Shift」キーを押して大文字の指定を行うと、「NE w」のような入力ミスをすることがやはり増えてしまいます。

基本的には、ずっと日本語入力モードのままで入力を行う。英数の単語の最初だけ大文字にする場合でも、「Shift」キーをいちいち押さず、そのまま入力する――これだけで、ずいぶん入力の効率が変わってしまうものなのです。

Column

言語バーの「あ」「A」が表示されなくなったときは

パソコン画面の右下のタスクトレイには、日本語入力システムの状態が表示されています。「あ」なら日本語のひらがな入力モード、「ア」ならカタカナ入力モード、「A」なら英数入力モードといった感じです（半角、全角あり）。

パソコンを使っていて、この状態の表示が消えてしまい、「かな」キーを押しても英数入力から日本語入力に切り替わらなくなって、困った経験はないでしょうか。

この原因は、標準の日本語入力ソフト「MS IME」から「Natural Imput」に、何かのはずみで切り替わったため。よく見ると、「あ」の文字が消え、横に「日本」と表示されているのがわかります。この「日本」をクリックして、日本語入力ソフトを「MS IME」に戻せば元に戻りますが、入力中にわざわざマウスの操作を行うのはやはり面倒。

こんなときは、「Ctrl」キー＋「Shift」キー。左手の小指を横に寝かせて、同時に押せば、それで元に戻せます。

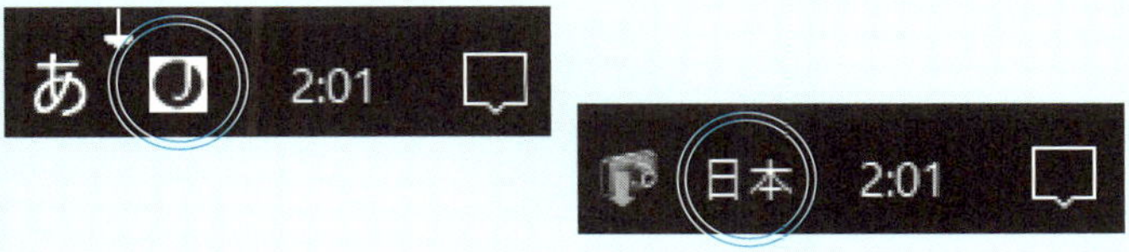
あ
2:01
日本
2:01

マスターしたらcheck!

文字の大きさは
キー操作で変更するといい

ワードであれエクセルであれパワポであれ、入力する文字の大きさを自由に変えることができます。これによって、文書の表現力が高まることは間違いありません。文書のタイトルを大きくし、文中の見出しを少し大きくする、という手間を加えることで、メリハリのついた文書を作成できるからです。

ただ、文字を入力中に、マウスを使って文字を大きくしたり小さくしたりするのは面倒です。文字の大きさの変更は、リボンのツールボタンで変更するのが基本なので、入力中でキーボードの上に置いた手を、いちいちマウスに移さなければならないからです。しかも、マウスは細かい正確な操作が苦手ですから、ポイント数の表示の右側の「▼」ボタンをクリックし、表示される選択肢の中からポイント数を選ぶのは、なかなか神経を使います。

文字の大きさを変更する場合、キーボードから手を動かさず、簡単にできてしまう方法があるとしたら、どうでしょう。そのままキー入力が続けられるので、文字を打つスピードは格段に速くなるはずです。大切なことなので繰り返しますが、「入力作業を効率よく行うコツは、ホームポジションを起点に、なるべく手を移動させないこと」です。

キー操作で、文字を大きくするワザは、「Ctrl」キー＋「Shift」

ココがずるい!
マウスを使わずに文字の大きさを変えられる

「Ctrl」+「Shift」+「>」= 文字をひと回り大きく
「Ctrl」+「Shift」+「<」= 文字をひと回り小さく

Ctrl + Shift + <　　　Ctrl + Shift + >

あ	あ	あ	あ	あ	あ	あ
8	9	10	10.5	11	12	14

キー＋「>」、小さくするワザは、「Ctrl」キー＋「Shift」キー＋「<」です。

少々難しそうに感じますが、実は簡単。というのも、「>」「<」は、「Shift」キーを押しながら入力する文字だからです。本当は、「Shift」キー＋「。」で「>」（大なり）、「Shift」キー＋「、」で「<」（小なり）ということ。理屈がわかればすぐ覚えられるはずです。これを押すと、ポイント数の候補に表示される値を、1つずつ大きく、小さくすることができます。具体的には、大きくする場合なら、標準の「10.5」から「11」→「12」「14」……、小さくする場合なら、「10.5」から「10」→「9」→「8」……といった具合です。

なお、文字の大きさを1ポイント大きくする「Ctrl」＋「]」、1ポイント小さくする「Ctrl」＋「[」というワザもありますが、1ポイントずつ変更するのも手間がかかるだけなので、こちらのワザは覚える必要はないでしょう。

013 ショートカット

マスターした check!

太字、下線付き、イタリック——素早く文字を目立たせる

メリハリのある文書を作成するには、いろいろな方法があります。文字の大きさを変える、文字の色を変える、書体を変えるなどなど。

ただ、文字を目立たせるいろいろなやり方を試したものの、どうも文書がスッキリしない、ということはありませんか。文書を目立たせるのはよいのですが、いろいろやると、文書に統一感がなくなってしまう、ということは知っておくとよいでしょう。

メリハリのある文書を作成するには、012 のワザで文字の大きさを変えるほかに、3 種類もあれば十分です。いや、本当のことを言えば、①太字にする、②下線付きにする、の 2 種類あればいい。むしろ、これくらいにとどめておいたほうが、文書はスッキリといい感じにまとまります。

しかも、①太字にする、②下線付きにする、はキー操作で簡単に行うことができます。急いで文書を作成しなければならないときでも、いちいちマウスに手を移す必要がないのです。だから、圧倒的に効率よく文書を作成することができます。

まず、①太字にする方法は、「Ctrl」キー＋「B」。この「B」は「Bold（太い）」の頭文字です。そして、②下線付きにする方法は「Ctrl」キー＋「U」。この「U」は「Underline（下線）」

ココがずるい!
ほとんど手間をかけずにメリハリのある文書が作れる

文字を目立たせる方法は、3つあれば十分

Ctrl ＋ B ＝ 太字にする

Ctrl ＋ U ＝ 下線付きにする

Ctrl ＋ I ＝ 斜字体にする

の頭文字であることはすぐわかりますね。

ついでに言うと、「Ctrl」キー＋「I」を押すと、斜字体（イタリック）になります。もちろん「I」は「Italic」の頭文字です。ただ、斜字体は文中であまり目立ちません。

これらは、「太字で、下線付きにする」とか、「下線付きで斜字体にする」とか、組み合わせて使うこともできます。このワザは、「オン／オフ」の関係なので、例えば、太字になった文字を範囲指定して、「Ctrl」キー＋「B」を押すと、太字を解除して標準の文字に戻ることも知っておいてよいでしょう。

文書作成は、書式を変更したりしてメリハリのある文書にする編集作業に時間がかかるものですが、この方法を知っておけば、ただの文字入力＋ほんの少しの時間で、効率よくできてしまうのです。

014

ショートカット

マスターしたらcheck!

書式を「標準」に戻す方法を身につける

ワードは、何もせずに入力を行うと、入力される書体、大きさがいつも一定です。買ったままの状態なら、「MS 明朝」の「10.5 ポイント」です（リボンの「フォント」の右下のアイコンをクリックすると、「フォント」の設定画面が開き、標準のフォントを変更することはできます）。

文字を目立たせるために、他の書体を使うことはよくあります。あるいは、タイトルや小見出しで、文字の大きさを変えたとか。普通の文章を入力するため、マウスでツールボタンをクリックして、書式やポイント数を元に戻すのは、いかにも面倒です。場合によっては、標準の書体が「MS 明朝だったか、MS P 明朝だったか」とわからなくなることもあります。そんなときは、標準の書体で入力した部分にカーソルを移動すれば、リボンの表示で確認することができますが、これでは、とても効率がいいとは言えません。

こんなときに、役立つのが、書式を「標準」に戻すワザ。「Ctrl」キー＋「スペース」キーがそうです。

このワザは、書式を「標準」に戻したいときに押しても、すでに入力した違う書式の文字を範囲指定して押しても、どちらでもかまいません。前者の方法だと、カーソルのある位置の次から「標準」の書式に変わり、後者の方法だと、範囲指定した

「標準」の書式に戻すには、「Ctrl」キー ＋ 「スペース」キー

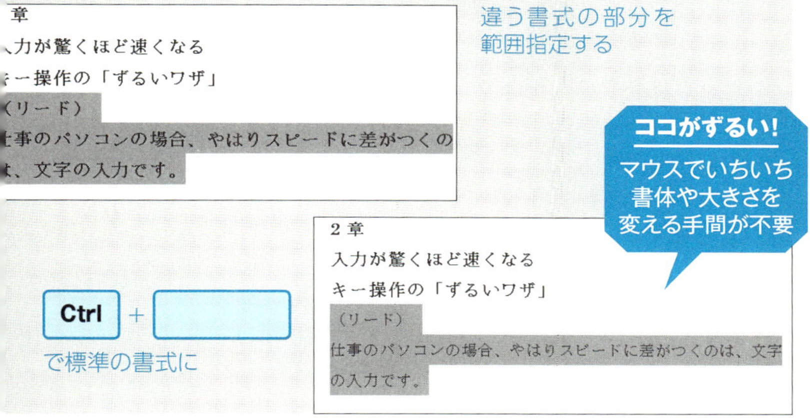
章
力が驚くほど速くなる
一操作の「ずるいワザ」
（リード）
事のパソコンの場合、やはりスピードに差がつくの
、文字の入力です。
違う書式の部分を
範囲指定する
ココがずるい！
マウスでいちいち
書体や大きさを
変える手間が不要
Ctrl
＋
で標準の書式に
2 章
入力が驚くほど速くなる
キー操作の「ずるいワザ」
（リード）
仕事のパソコンの場合、やはりスピードに差がつくのは、文字
の入力です。

部分が「標準」の書式に変わります。

以前、Web のコンテンツを紙のテキストに編集するという仕事をしたとき、大いに助けられたものです。その Web コンテンツは、下線付きの箇所や、小さな文字で書かれた注釈などがいくつもありました。要は、いろいろな書式が混在した文章だったわけです。語尾を整えたり、補足説明を入れたりすると、本文とは違う書式で入力されるのでやっかいでした。そうなったときに都度都度書式を変更するのも手間でした。

そこで、私が採った方法は、最初に文章をコピペしたら、**「すべて選択」をして、「Ctrl」キー＋「スペース」キー。これなら一気に「標準」の書式に変えられますから、4～5時間かかった作業が半分以下の時間ですんでしまいました。**

これは極端な例かもしれませんが、このワザを使えば、文書作成の時間が大幅に短縮されること、間違いなしです。

015 1キー

マスターしたらcheck!

人名、単漢字は変換候補を一気に表示する

タイピング速度をいくら速くしても、日本語の文字入力はやはり時間がかかってしまいます。そう、漢字変換という作業に意外に時間がかかってしまうからです。

特に、時間がかかるのが「課」「機」「違」……といった単漢字と「浩司」「光司」「幸治」……といった人の名前。何しろ変換の候補が山のようにあるので、変換候補の漢字を画面に表示するだけでも大変です。

こんなとき、使いたい漢字が出てくるまで「変換」キーを何度も押し続けている人は多いと思います。それだけで相当な時間がかかってしまいますし、何より、イライラするので精神衛生上もよくないと思います。そこで、多くの人は、「変換候補の少なそうな読み」を入力して、その手間を省いているはず。例えば、「善孝」という名前なら、「ぜん」で「善」を入力し、「こうこう」で「孝行」と入力してから「行」を「BackSpace」キーで削除するというやり方です。

この方法が悪いとは言いません。私自身、けっこうやっています。ただ、変換候補が一気にたくさん表示されたほうが、手っ取り早いのではないでしょうか。そこで、紹介する「ずるいワザ」が、「Tab」キーです。

例えば、「秘」という漢字を入力したいとします。「ひ」と入

「Tab」キーで変換候補を大きく表示する

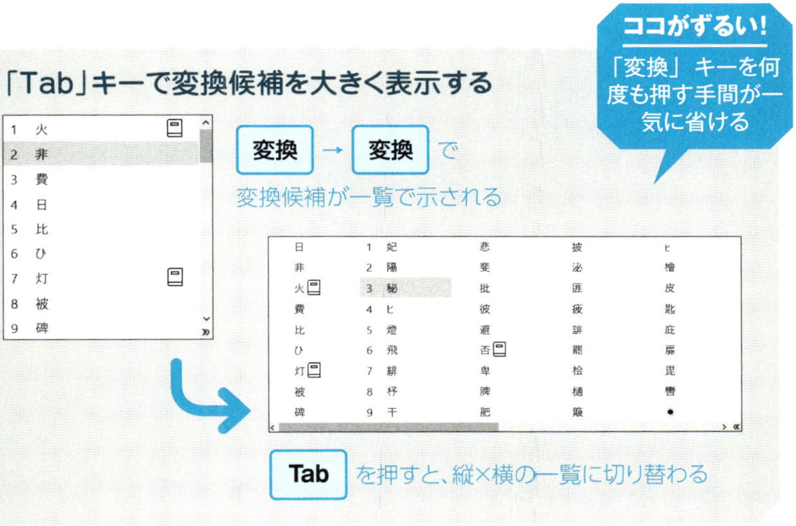
ココがずるい!
「変換」キーを何度も押す手間が一気に省ける
変換
変換
で
変換候補が一覧で示される
Tab
を押すと、縦×横の一覧に切り替わる

力して「変換」キーを押すと、「火」などと変換されます。もう一度「変換」キーを押すと、変換候補が一覧で示されます。ただ、この中にも「秘」という候補はありません。

ここで、「Tab」キーを押してみましょう。すると、変換候補が縦×横の大きな一覧になって示されます。「秘」は、2列目の3個目にありました。「→」「↓」キーで選択して、「Enter」キーを押せば、入力の完成です。「→」で列を移動し、「3」という数字で指定してもかまいませんし、選択中の漢字から遠い場所にある場合はマウスでクリックしてもかまいません。

漢字変換は、使いたい漢字が表れるまで、「変換」キーで1字ずつ候補を変えていく手間が大変ですが、それ以上に、あと何回押せばいいのかわからないため、イライラしてしまいます。「Tab」キーを押すだけという簡単なワザですが、簡単な分だけその威力は絶大なのです。

ずるい仕事術 016

1キー

マスターしたら check!

変換ミスの修正は「再変換」ですませる

パソコンは、使っているときに、「あ、こんなことができたのか」と気づくコツが少なくありません。それは、簡単なことほどそうです。「できない」という思い込みがあると、簡単なことでも試してみようという気にならないからです。

ここで紹介するのは、そんなケースの一例。みなさんの中には、一度確定してしまった漢字は、再変換できないと思い込んでいる人がいるのではないでしょうか。

しかし、過去に入力した言葉を範囲指定し、「変換」キーを押せば、再び変換を行うことができるのです。知ってしまえば、何ということもない話ですが、これを使えば、①一度入力した文字を削除して、②入力をやり直し、③変換を行うという作業が一気に簡略化されるのです。文書を作成した後、誤字・脱字チェックする作業が一気に効率化します。

ココがずるい
入力のやり直
不要になり、
気に効率アッ

誤変換は範囲指定して「変換」キーで再変換

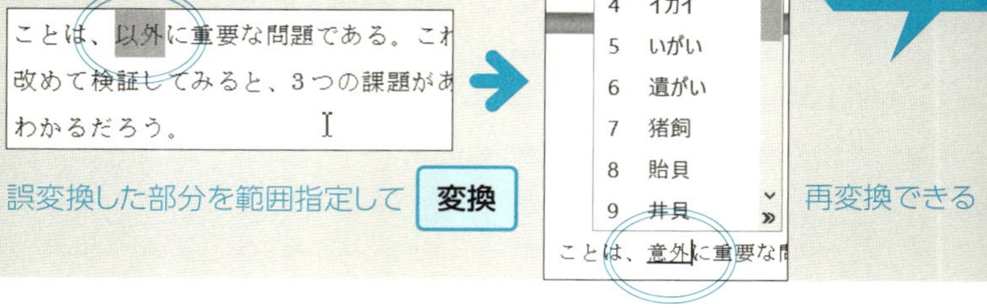

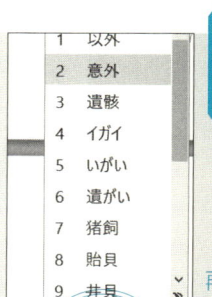

ことは、以外に重要な問題である。これ
改めて検証してみると、3つの課題があ
わかるだろう。
誤変換した部分を範囲指定して
変換
1 以外
2 意外
3 遺骸
4 イガイ
5 いがい
6 遺がい
7 猪飼
8 貽貝
9 井貝
ことは、意外に重要な問
再変換できる

017 ショートカット

マスターしたら check!

変換の文節区切りは「Shift」キー＋方向キー

入力の効率を上げるカギは、日本語の漢字変換です。

文を細かく区切って入力し、変換する人、あるいは文を一気に入力して変換し、後から変換のミスを修正していく人と大きく分かれます。どちらがいい悪いではなく、好みの問題です。

ただ、変換ミスで多いのは、単純な誤字・脱字ではなく、文節の区切り間違い。文節区切りを正しく指定する方法を知らないと、入力のやり直しになってしまう――変換の文節区切りを修正する方法を知らない人は意外に多いようです。

基本的なことですが、入力の効率に直結する重要なカギなので、やり方を紹介しておきましょう。それが、「Shift」キー＋方向キー。これを行うと、変換の対象となる文節が、青色になり、方向キーを押すことで範囲を指定できます。

ココがずるい!
キー操作で変換の精度を高められ、効率アップ

変換の文節区切りは「Shift」キー＋方向キーで修正

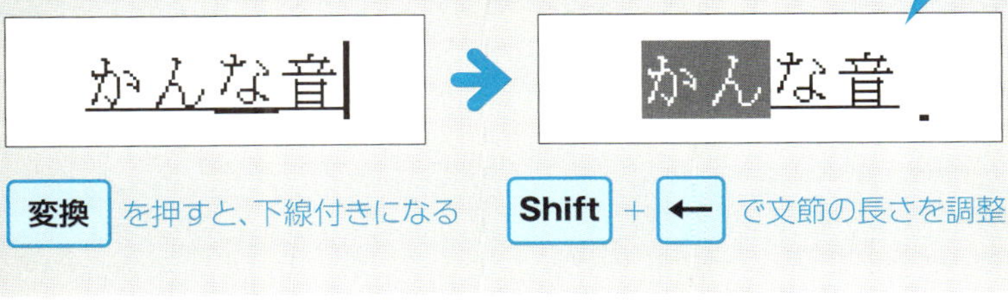

かんな音
かんな音
変換 を押すと、下線付きになる
Shift ＋ ← で文節の長さを調整

018

ショートカット

マスターしたら check!

半角スペースの入力は いちいち英数モードにしない

パソコンは、かな、英数と入力モードを切り替えることができます。ひらがなを入力するつもりだったのに、英数の入力モードだった、というミスが起こりやすいため、効率が落ちる大きな原因となってしまいます。

例えば、「インターネット エクスプローラー」のように、半角のスペースを途中で入れたい場合、いちいち、半角のスペースを入力するためだけに、「かな」→「英数」→「かな」と入力モードの切り替えを行っていませんか。

こんなときは、「Shift」キーを押しながら「スペース」キー。これで「かな」入力モードのままで、半角のスペースを入力できます。入力モードを切り替える必要がないので、入力の手間を一気に短縮。しかも、「かな」「英数」の入力間違いが激減するので、大幅に効率がアップします。

ココがずるい!

よく使う半角スペース。入力モードの切り替え不要で効率アップ

「Shift」キー＋「スペース」で 半角スペースを入力

あ
16:00

「かな」入力モードのままで、半角スペースが打てる

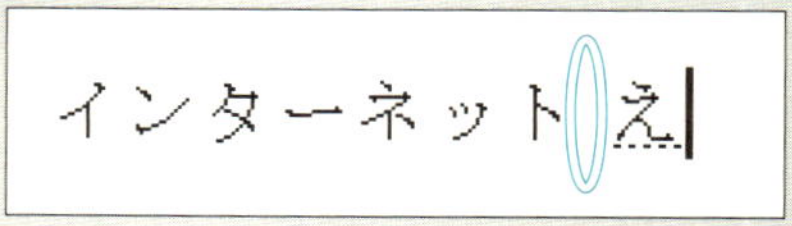
インターネット え

019 ショートカット

マスターしたら check!

よく使う単語は、キー操作一発で登録する

製品名や会社名など、繰り返し入力する特殊な単語は、日本語辞書に登録するのが効率のいいやり方です。

もちろん、単語だけではありません。「いつもお世話になっております」などのよく使う言い回しを「いつもお」で登録しておけば、入力の手間を大幅に省くこともできます。

ただ、いちいち日本語ツールを右クリックして単語登録を行うのは、面倒です。こんな場合に役立つずるいワザが、「Ctrl」キー＋「F7」キー。

登録したい言葉を範囲指定した後、「Ctrl」キー＋「F7」キーを押すと、「単語登録」画面が表れます。登録する言葉は、範囲指定した言葉がすでに入っていますから、後は「よみ」の欄に読みを入力するだけ。サッと登録できて、次からの入力・変換の手間を大幅削減。ぐっと効率が上がります。

ココがずるい!
単語登録が、キー操作だけで簡単。入力・変換の手間を大幅カット

「Ctrl」キー＋「F7」キー ＝ 単語登録

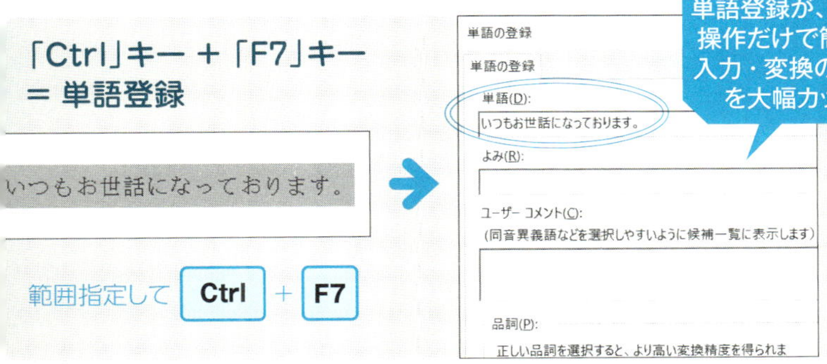
いつもお世話になっております。
範囲指定して Ctrl + F7
単語の登録
単語の登録
単語(D):
いつもお世話になっております。
よみ(R):
ユーザー コメント(C):
(同音異義語などを選択しやすいように候補一覧に表示します)
品詞(P):
正しい品詞を選択すると、より高い変換精度を得られま

020

マスターしたら
check!

面倒な住所の入力は「郵便番号」ですませる

仕事のパソコンで面倒と感じる作業の代表格が住所の入力です。見積書や請求書、資料などを取引先などに郵送する際、名刺を横に置いて「東京都中央区銀座～」と入力するのはやはり手間がかかります。

その手間を省くには、エクセルなどで住所録を作っておけばよいのですが、大量の名刺をそうやって文字入力する作業を考えると、ついつい後回しにしていないでしょうか。私自身、名刺の読み込みアプリやクラウドの名刺管理サービスで、その手間を省こうとしたことはありますが、名刺読み込みアプリは、専用のスキャナーを接続するのがそもそも面倒。その上、文字認識の精度が低いので、その修正にかえって時間がかかってしまいました。

スマホで名刺を撮影すれば名刺管理ができるクラウドサービスは、かなり便利なのでこれは利用する価値があるかもしれません。ただ、日々増える名刺データを管理するのは意外に面倒で枚数がたまるとどうしても後回しにしてしまいます。結局、名刺を紙のまま管理して、時間があるときにスマホで撮影するという併用型で行っています。

というのも、名刺さえあれば、住所の入力の手間を大幅に削減できるずるいワザがあるからです。それは、「150-0011」

ココがずるい！
面倒な住所入力の手間が、一気に楽になる

「郵便番号」→「変換」キーで住所入力

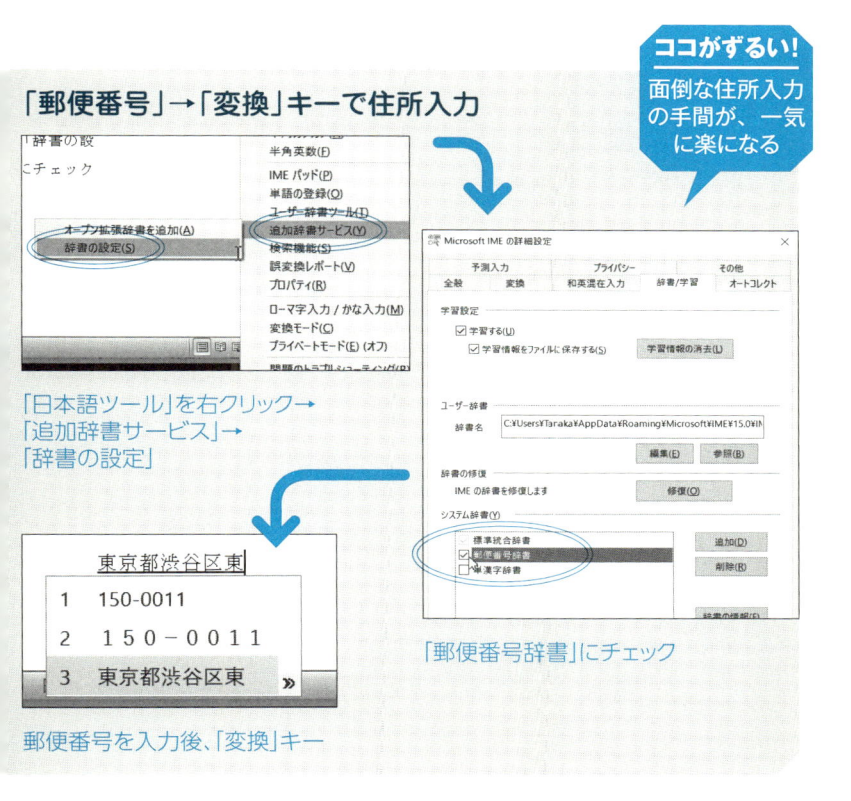

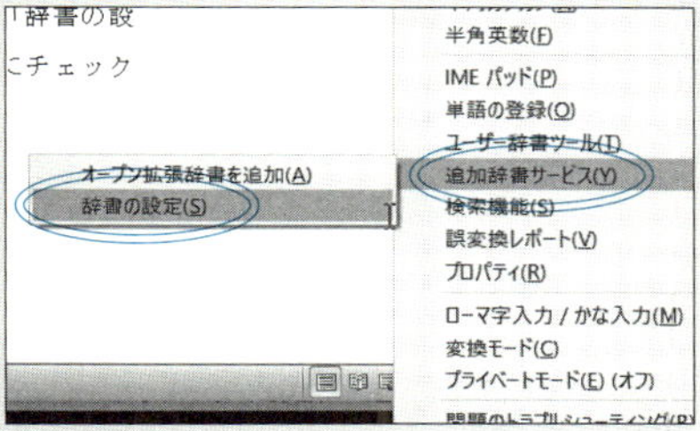
半角英数(F)
IME パッド(P)
単語の登録(O)
ユーザー辞書ツール(T)
オープン拡張辞書を追加(A)
追加辞書サービス(Y)
辞書の設定(S)
検索機能(S)
誤変換レポート(V)
プロパティ(R)
ローマ字入力 / かな入力(M)
変換モード(C)
プライベートモード(E) (オフ)

「日本語ツール」を右クリック→「追加辞書サービス」→「辞書の設定」

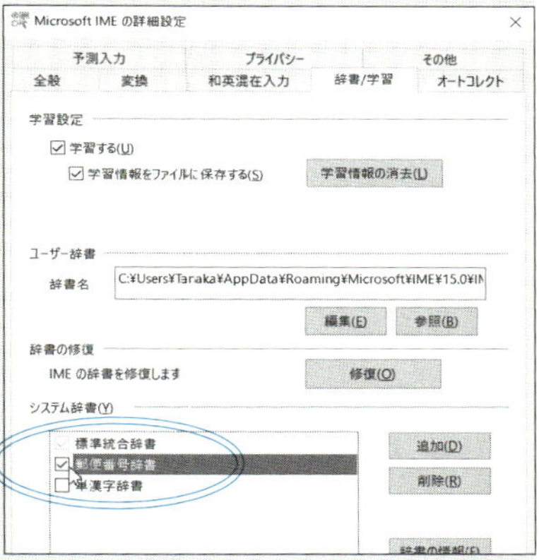
Microsoft IME の詳細設定
予測入力
プライバシー
その他
全般
変換
和英混在入力
辞書/学習
オートコレクト
学習設定
学習する(U)
学習情報をファイルに保存する(S)
学習情報の消去(L)
ユーザー辞書
辞書名
C:¥Users¥Taraka¥AppData¥Roaming¥Microsoft¥IME¥15.0¥IM
編集(E)
参照(B)
辞書の修復
IME の辞書を修復します
修復(O)
システム辞書(Y)
標準統合辞書
郵便番号辞書
単漢字辞書
追加(D)
削除(R)

「郵便番号辞書」にチェック

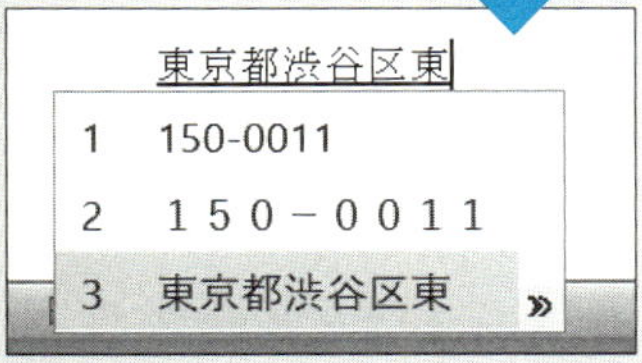
東京都渋谷区東
1 150-0011
2 １５０－００１１
3 東京都渋谷区東

郵便番号を入力後、「変換」キー

などと郵便番号を入力して「変換」キーを押すと、「東京都渋谷区東」と変換することができるのです。地番やビル名は自分で入力しなければなりませんが、これだけでずいぶん入力時間を短縮できます。何より、「面倒」というストレスが軽減します。

「実際にやってみたが、できなかった」という人は、パソコンの辞書設定で、郵便番号辞書がオフになっているのが理由。日本語ツールを右クリックし、「追加辞書サービス」→「辞書の設定」を選んで、「郵便番号辞書」のチェックボックスにチェックを入れれば使えるようになります。

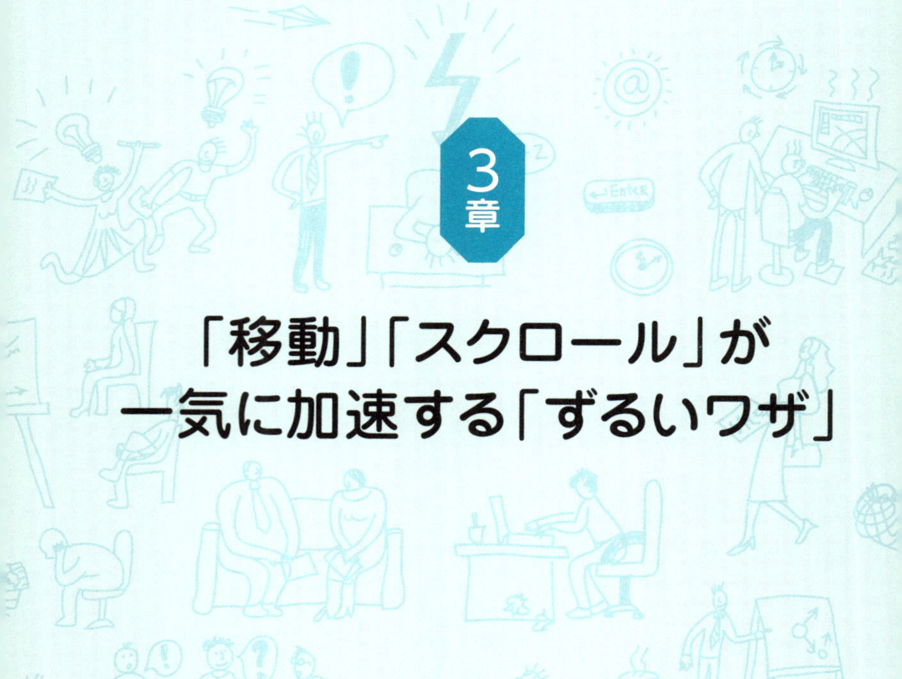

3章

「移動」「スクロール」が一気に加速する「ずるいワザ」

パソコンの画面表示で、イライラした経験は誰もがお持ちでしょう。
長い文書を延々とスクロールしたり、ウィンドウの切り替えを繰り返し行わなくてはならなかったり、ファイルをドラッグ&ドロップして別のフォルダーに移動する際、画面上に2つのフォルダーを表示するため、フォルダーを小さくしたり……。
最近のパソコンは、ワイド型のモニターが主流のため、縦方向の表示面積が不足しがちで、こうしたイライラがひんぱんに起こります。けっこうな時間を、ファイルの移動、カーソルの移動、ページのスクロールにムダ遣いしているのではないでしょうか。
パソコンは画面を見て操作するもの。こうした移動やスクロールなど、ちょっとしたコツを身につければ、一気に効率が上がり、大きな差をつけられるのです。

設定のみ
一度設定すれば、その後はそのまま使えるワザ

1
キー
ショートカットキーの中でもキー1つで使えるワザ

ショートカット
「Ctrl」キー+などショートカットキーを使ったワザ

マウス
キーとの組み合わせなど、マウスがパワーアップするワザ

仕事が効率化する考え方やアイデア仕事術

021

1 キー

マスターしたら check!

入力欄の移動は「Tab」キーで瞬時にすませる

Webの会員登録の入力フォーム、メールの宛先欄・件名・本文、パソコンの設定・操作画面など、別々の入力欄に続けて入力を行うことがよくあります。

これを面倒と感じない人はまずいないでしょう。いちいち入力欄をクリックして、カーソルを移動させていたのでは、手がキーボードとマウスを行ったり来たりしなくてはなりませんから、とても効率よく入力を行うことができません。

しかし、この面倒な入力欄の移動という操作が、一気に簡単になる「魔法のキー」があります。

それが、「Tab」キー。

1つの入力欄に入力を終え、「Tab」キーを押すと、カーソルは次の入力欄に移動します。入力フォームなどに入力を行う際、手はずっとキーボードの上。次から次へと入力フォームを埋められるので、入力の速さは、3倍、5倍になります。しかも、入力フォームだけでなく、幅広い場面で使えるので、覚えるとその効果が及ぶ範囲がとても広いのです。

例えば、ワードで「文字列の置換」を行うとしましょう。「検索する文字列」と「置換後の文字列」という2つの入力欄があります。最初にカーソルがあるのは、「検索する文字列」ですが、「Tab」キーを押すと、「置換後の文字列」にカーソル

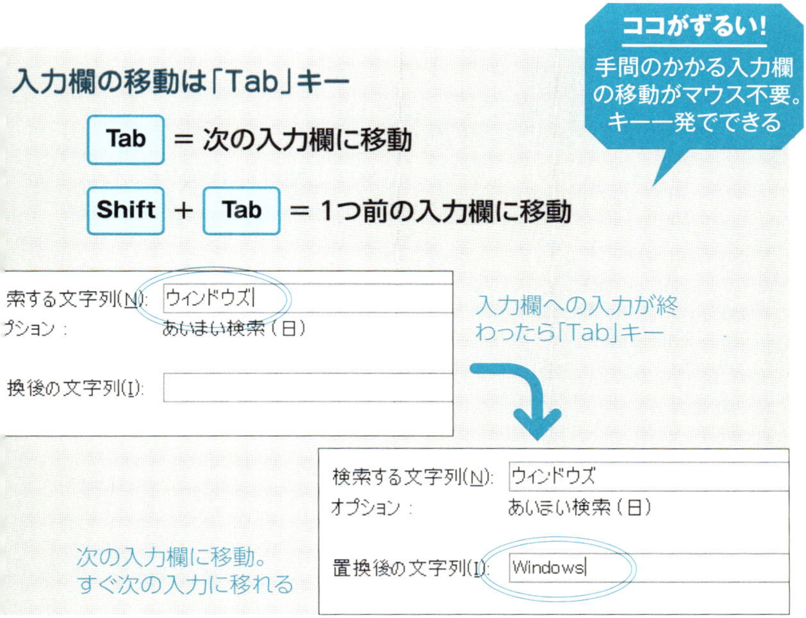
ココがずるい!
手間のかかる入力欄の移動がマウス不要。キー一発でできる
入力欄の移動は「Tab」キー
Tab ＝次の入力欄に移動
Shift ＋ Tab ＝1つ前の入力欄に移動
索する文字列(N): ウィンドウズ
プション： あいまい検索（日）
換後の文字列(I):
入力欄への入力が終わったら「Tab」キー
検索する文字列(N): ウィンドウズ
オプション： あいまい検索（日）
置換後の文字列(I): Windows
次の入力欄に移動。すぐ次の入力に移れる

が移動――最後に「Enter」キーを押すだけで操作完了ですから、じつに便利です。

　次の入力欄ではなく、1つ前の入力欄に移動したい場合もありますね。メールの返信を行う場合、カーソルは返信メールの本文に表示されますが、その前に「件名」を変更したい、という場合がそうです。

　この場合も問題ありません。

「Shift」キー＋「Tab」キーを押せば、1つ前の入力欄に移動できるからです。

　このワザがあれば、入力欄の移動にいちいちマウスを使う必要がありません。通常の入力と同様、次から次へと入力を行うえるので、入力時間の大幅な短縮につながるのです。

022

1 キー

マスターしたら check!

行の先頭・末尾への移動は「Home」「End」キーが速い

長い文書やWebページを閲覧するとき、スクロールするのが面倒に感じたことはないでしょうか。

Webなら、ページの一番下に問い合わせのリンクなどがあるし、ページの先頭にもコーナーのボタンなどがあります。グーグルの検索結果ページの検索ボックスもページの先頭です。このため、ページの先頭や最後に移動したいことがよくありますが、いちいちページをスクロールして移動するのは、やはり時間のムダとしか言いようがありません。

そこで用意されている「先頭」「最後」に移動できるキーが、「Home」キーと「End」キーです。Webの閲覧なら、インターネットエクスプローラーであれ、エッジであれ、グーグルクロームであれ、どのブラウザでも「Home」「End」キーでページの先頭・最後に移動できます。

このほか、PDF文書を表示するアクロバットリーダーやアクロバットなども同様に「先頭」「最後」に移動できます。これを知っているだけで、ページをスクロールする手間が一気になくなり、大幅に効率がアップします。

ただ、例外なのが、ワードとエクセル。

一番よく使うアプリだけに、なぜほかと同じにしないのかと文句を言いたくもなりますが、ワード、エクセルは文書作成に

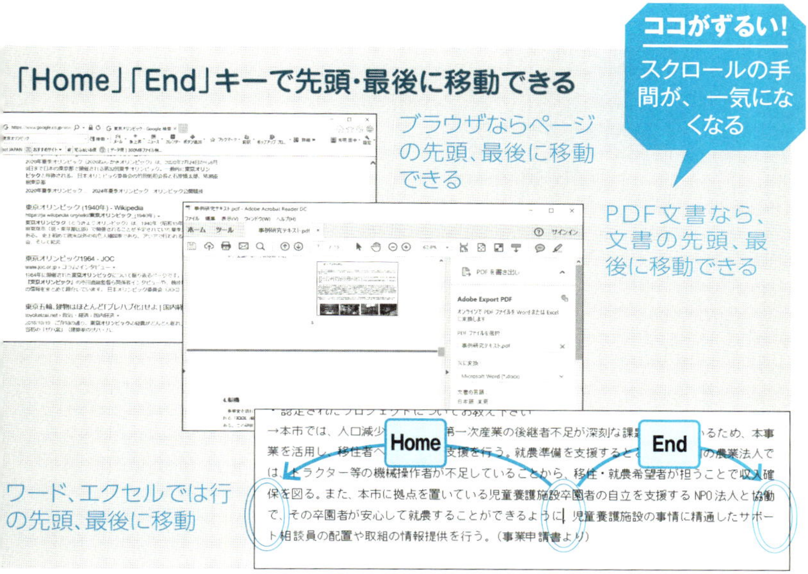
「Home」「End」キーで先頭・最後に移動できる
ココがずるい!
スクロールの手間が、一気になくなる
ブラウザならページの先頭、最後に移動できる
PDF文書なら、文書の先頭、最後に移動できる
ワード、エクセルでは行の先頭、最後に移動
Home
End

使うアプリなので、もっと細かい操作が便利に使えるために、例外となっています。すなわち、ワード、エクセルの場合は、「Home」キーを押すと行の先頭に、「End」キーを押すと行の最後にカーソルを移動するようになっています。エクセルなら、行の先頭のセル、行の最後のセルに移動します。

確かに、方向キーを何度も押したり、マウスを使ったりしてカーソルを行の端から端まで移動するのは大変ですから、こうしたショートカットキーの設定にしておいたほうが何かと役に立つかもしれません。

それでは、ワード、エクセルでは文書の先頭や最後に一気に移動してスクロールの手間が省けるワザはないのか、というともちろんそんなことはありません。そのワザについては、次のページで紹介することにいたします。

023

ショートカット

マスターしたら check!

文書の先頭・末尾への移動をキー操作一発ですませる

前のページでお伝えした通り、ワード、エクセルでは、「Home」「End」キーを押しても、行の先頭、最後に移動できるだけです。文書の先頭、最後に一気に移動するには、それぞれ「Ctrl」キー+「Home」キー、「Ctrl」キー+「End」キーを押す――つまり、「Ctrl」キーが追加で必要になるということです。

違いはたったそれだけ。文書の先頭・最後、行の先頭・最後に自由自在に移動できるようになれば、スクロールの手間、カーソル移動の手間がなくなります。ワード、エクセルは、道具立てが他のアプリよりもたくさん用意されているのです。

これだけの話だと、肩透かしを食らった気分になるかもしれません。実際のところ、ただカーソルを移動したり、スクロールしたりするだけでは、大して効率はアップしません。カーソルの移動、スクロールという操作よりも、範囲指定のほうが「よくやる操作」だからです。そこで、ワンポイントでもう1つ効率がアップするずるいワザをお教えしましょう。

それは、「複合ワザ」。

028で詳しく説明しますが、範囲指定を行うショートカットキーは「Shift」キー。例えばワードで、「Shift」キーを押しながら、「Home」キーを押すと、カーソルのあった場所から行の先頭までを一気に範囲指定できます。「Shift」キーを押

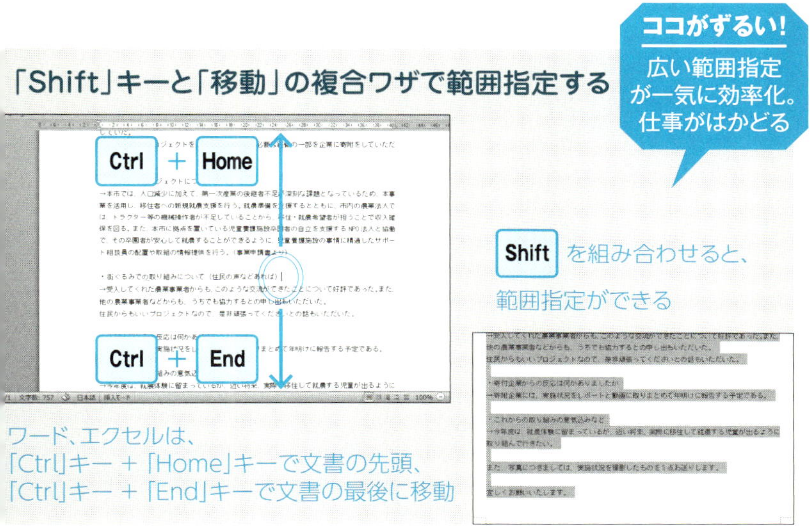
ココがずるい!
広い範囲指定が一気に効率化。仕事がはかどる
「Shift」キーと「移動」の複合ワザで範囲指定する
Ctrl + Home
Ctrl + End
Shift を組み合わせると、範囲指定ができる
ワード、エクセルは、
「Ctrl」キー＋「Home」キーで文書の先頭、
「Ctrl」キー＋「End」キーで文書の最後に移動

しながら、「Ctrl」キー＋「End」キーを押せば、カーソルのあった場所から文書の最後までを一気に範囲指定できます。

このように、範囲指定のワザと、カーソルを移動するワザとは組み合わせて使えます。知っていれば、シナジー効果で仕事の効率を高めることができるわけです。

マウスをドラッグして範囲指定する方法だと、ずっとスクロールしなければならない場合、かなりイライラさせられます。表示されている画面の下までマウスのポインターを動かすと、スクロールしてくれますが、ポインターがウィンドウの外に出てしまったりと、意外に手間取る作業です。こうした作業が一気に効率化できるのが、複数のワザを組み合わせる「合わせワザ」。ショートカットキーをよく使っている人でも、「合わせワザ」までは使っていないものなので、他人よりもはるかに短い時間で仕事が片づきます。

024

マスターしたらcheck!

エクセルのデータ入力を効率化する範囲指定のコツ

エクセルでよくやる作業が、データの連続入力です。エクセルの表に順番に入力することは非常に多いのですが、1つのセルに入力した後、方向キーで次に入力するセルに移動する人をよく見かけます。

たかが移動に、いちいち手を方向キーに移すのは面倒。「Enter」キーを押せば下のセルに移動できるので、この方法でデータの連続入力を行っている人も多いでしょう。ただ、データの連続入力は、下へ下へと行うとは限りません。横長の表に、右へ右へと入力することもあります。

こんなとき、知っておくと役立つのが「Tab」キー。

「Enter」キーの代わりに「Tab」キーを押すと、入力後、右隣のセルに移動することができます。入力ミスをしたときなど、セルを戻る場合に役立つのが「Shift」キー。「Shift」キー＋「Enter」キーで1つ上のセル、「Shift」キー＋「Tab」キーで左隣のセルに移動できます。上下左右、どのセルに移動したいのか、自由自在に決められるので、入力がはかどるわけです。

さらにずるいワザ、それが「最初に、入力するセル全体を範囲指定する」というものです。

例えば、「Enter」キーを押すと、下のセル、下のセル……と移動していきますが、問題は1列分のデータを入力した後。

入力するセルを上下左右自由自在に移動する

ココがずるい!
画面だけ見ながら連続入力。データ入力の速さが驚異的にアップ

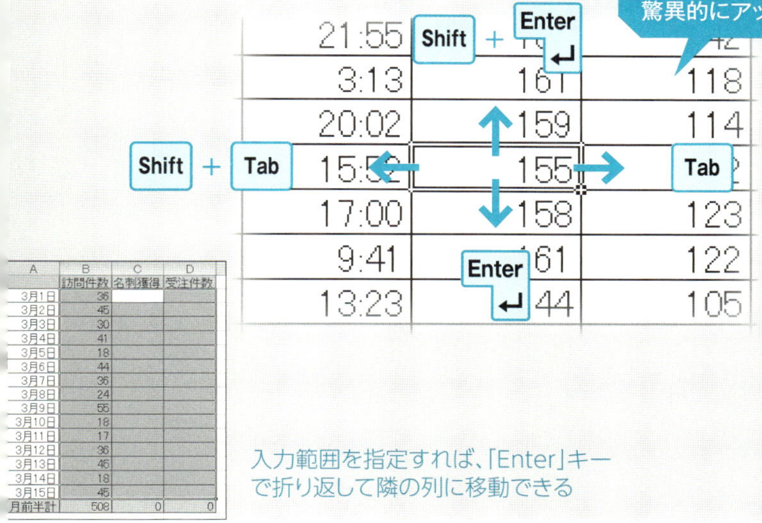

Shift + Enter
Shift + Tab
Tab
Enter

入力範囲を指定すれば、「Enter」キーで折り返して隣の列に移動できる

隣の列の入力に移る際、表の一番上までスクロールして、最初のセルをクリックして指定しなければなりません。

しかし、最初に範囲指定しておくと、セルの移動は範囲指定された範囲で行われます。すなわち、**一番最後の行まで入力した後「Enter」キーを押すと、自動的に折り返して隣の列の先頭のセルに移動**できるのです。

このワザの応用で、最初に**1行を範囲指定して、「Enter」キーで横へ横へと連続入力**することもできます。「Tab」キーよりも「Enter」キーの方が押しやすいので、左手の小指を伸ばして「Tab」キーを押すと効率が落ちる、という人は、このワザを使ったほうが快適に連続入力ができるかもしれません。

ずるい仕事術

025

ショートカット

マスターしたらcheck!

「他のセル」を参照した後、素早く戻れるワザ

エクセルでは、入力するセルの項目の確認など、他のセルを参照して確認することがよくあります。ワークシートを大きくスクロールし、確認した後、また大きくスクロールして元のセルに戻るのは、非常に面倒です。

こんなとき、別のセルを参照した後、素早く元のセルに戻れる「ずるいワザ」があります。

そのワザとは「Ctrl」キー＋「BackSpace」キー。

ここでしっかり理解しておきたいことがあります。それは、画面をスクロールしてワークシートの別の場所を表示することと、別のセルを選択することとは違う、ということ。

つまり、ワークシートをスクロールしても、それだけでは選択中のセルは変わりません。キーを打って、何か文字を入力すれば、選択中のセルに入力されます。これは、ワードやパワポでも同じで、ページをスクロールして別の場所を表示していても、キーを打つと、カーソルのある場所にサッと表示が切り替わって、文字が入力されます。

選択中のセルが空白なら、別のセルを参照した後、そのまま入力を行って、選択中のセルに戻ってかまいません。ただ、この方法だとセルに入力してあったデータは上書きされて消えてしまいます。そこで、選択中のセルに一切手をつけず、画面に

「Ctrl」キー＋「BackSpace」キー で選択中のセルに戻る

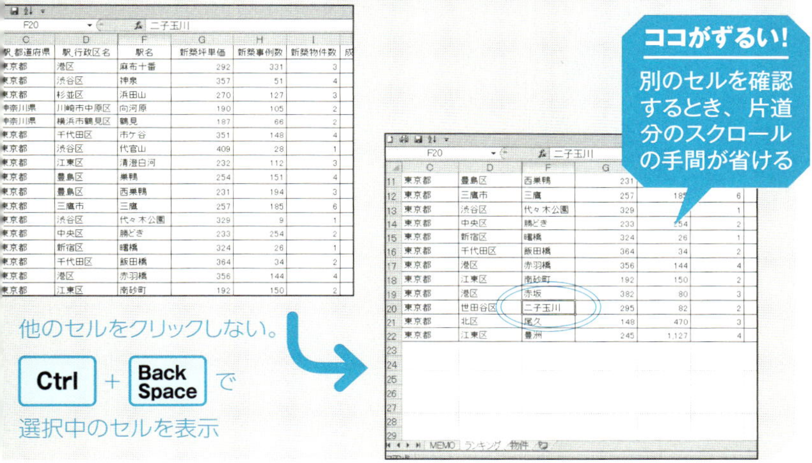
ココがずるい！
別のセルを確認するとき、片道分のスクロールの手間が省ける
他のセルをクリックしない。
Ctrl
Back Space
で
選択中のセルを表示

表示するワザが「Ctrl」キー＋「BackSpace」キーなのです。

つまり、他のセルを参照するだけで、確認がすんだら元のセルに戻る、ということなら、他のセルをクリックして選択してはいけません。元のセルに一発で戻れなくなってしまいます。

このワザで残念なのは、「Ctrl」キー＋「Home」キー、「Ctrl」キー＋「End」キーなどで、移動すると、選択中のセルまで変わってしまうこと。スクロールの手間は省けますが、「Ctrl」キー＋「BackSpace」キーが使えないのです。

ただ、戻るのが完成した表の途中だと、もともと見ていたセルがどこなのか、探すのはかなりやっかいです。スクロールはマウスのホイールまたはスクロールバーのドラッグで別の場所を表示し、元に戻るときに「Ctrl」キー＋「BackSpace」キーを使うほうがはるかに効率アップにつながります。

マスターしたら check!

「トリプルクリック」で段落を一気に選択する

パソコンでは、範囲指定をすることが非常に多いです。

コピーや切り取りのほか、書式の変更など、編集する範囲を指定しなければ、話が始まらないからです。

しかし、この範囲指定がかなりやっかいです。私は、ショートカットキーがマウスよりも絶対に優れているとは思いません。広い範囲指定などは、マウスを使ったほうが手っ取り早いこともあります。ただ、**マウスの致命的な弱点は、細かい正確な操作が苦手**だということ。マウスで範囲指定を行っていて、1字、1行といった細かい部分が範囲指定からもれた、不要な部分まで範囲指定してしまった、という経験がある方が圧倒的多数ではないでしょうか。

こんなとき、マウスならではのとっておきのずるいワザがあります。それが、**「トリプルクリック」**です。

1回クリックするだけだと、カーソルの位置が移動するだけ。

しかし、**ダブルクリックすると、カーソルの位置を含む単語を範囲指定**してくれます。

ただ、単語の範囲指定なら、大して広くはないので、「これは便利だ！」という感覚はないでしょう。

その威力に驚くのが、ダブルクリックの上、もう1回続けてクリックを行う「トリプルクリック」です。

ココがずるい!

マウスの操作なのに、ショートカットキー並みに速く範囲指定できる

トリプルクリックで段落を丸ごと範囲指定

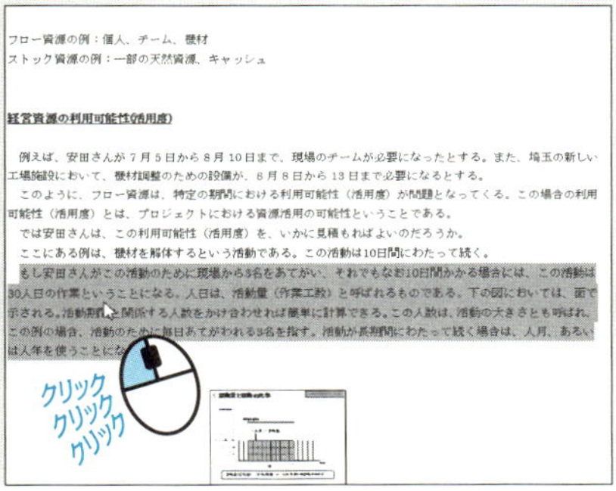
フロー資源の例：個人、チーム、機材
ストック資源の例：一部の天然資源、キャッシュ
経営資源の利用可能性(活用度)
例えば、安田さんが 7 月 5 日から 8 月 10 日まで、現場のチームが必要になったとする。また、埼玉の新しい工場施設において、機材調整のための設備が、8 月 8 日から 13 日まで必要になるとする。
このように、フロー資源は、特定の期間における利用可能性（活用度）が問題となってくる。この場合の利用可能性（活用度）とは、プロジェクトにおける資源活用の可能性ということである。
では安田さんは、この利用可能性（活用度）を、いかに見積もればよいのだろうか。
ここにある例は、機材を解体するという活動である。この活動は10日間にわたって続く。
クリック
クリック
クリック

1回でカーソル位置の変更
2回で単語の範囲指定
3回で段落丸ごと範囲指定

するとどんなことが起こるか。何と、**カーソルを含む段落を一気に丸ごと範囲指定**することができるのです。クリックするだけだから、マウスを動かす必要はありません。そのくせ、マウスを動かすより、速く正確に範囲指定できます。

『たった３秒のパソコン術』でこのワザを紹介するまで、そんなワザはどこにも書かれていなかったし、ほとんどの人が知らなかったはずです。私も、パソコン誌の編集部で働くまでは知りませんでした。

編集部には、パソコンで誌面のデザイン（DTP：DeskTop Publishing）をするデザイナーが入っていましたが、ライターの原稿をDTPアプリにコピペするとき、このワザを使っていたのです。これを見たときは、大きなショックと感動がありました。そして自分でもやってみると、**コピペ作業が驚くほどスピーディーにできる**のです。

マウスの弱点を補うワザとして、ぜひ一度、その効果を実感してみてください。きっとやみつきになりますから。

027

ショートカット

マスターしたらcheck!

短い範囲指定は「Shift」キー＋方向キーが速い

他の文書に書いたことをコピペして再利用する場合、文中のキーワードを太字にして目立たせる場合など、仕事のパソコンで繰り返し行う操作が範囲指定です。範囲指定の速さしだいで生産性が大きく左右されると言って過言ではありません。

入力しているときに、いちいちマウスに手を移せば、キーボードに手を戻す往復の時間がムダ。しかも何度も行うことなので、面倒だしムダに使った時間もかなりのものになります。

パソコン操作の鉄則は、「入力など、キーボードを使っているときは、なるべくキーボードで操作する」。それを徹底するだけで仕事が一気に加速します。

そこで重要なのが、このワザ「Shift」キー＋方向キーです。「Shift」キーは、範囲指定やファイルや図表などの複数選択ができるキー。「Shift」キーを押しながら、「←」キーを押すと、カーソルの位置から、1回押すごとに範囲指定が前に1字ずつ、「→」キーを押すと、1回押すごとに後ろに1字ずつ増やすことができます。もちろん、例えば「Shift」キー＋「→」キーで範囲指定をした際、キーを押しすぎて不要な部分まで選択してしまった場合は、「Shift」キー＋「←」キーで、選択範囲を減らしていくこともできます。また、意外に役立つのが、「Shift」キー＋「↑」キーと「Shift」キー＋「↓」キー。これなら、

範囲指定しだいで効率は大きく左右される

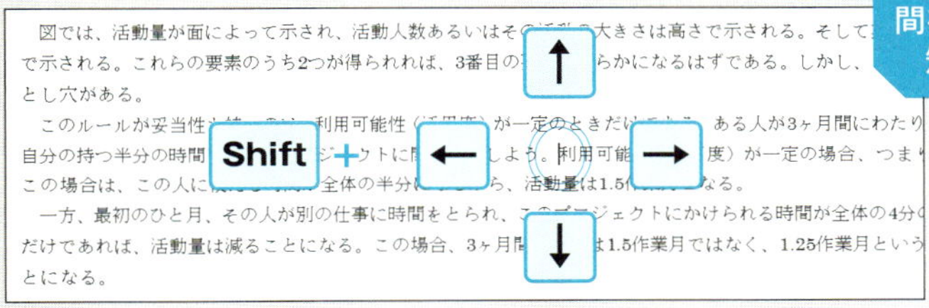
図では、活動量が面によって示され、活動人数あるいはそ　　　の大きさは高さで示される。そして
で示される。これらの要素のうち2つが得られれば、3番目の　　　らかになるはずである。しかし、
とし穴がある。
このルールが妥当性　　　利用可能性　　　が一定のときだけ　　　ある人が3ヶ月間にわたり
自分の持つ半分の時間　　　ジェクトに　　　しよう。利用可能　　　度）が一定の場合、つまり
この場合は、この人に　　　全体の半分　　　ら、活動量は1.5　　　なる。
一方、最初のひと月、その人が別の仕事に時間をとられ、このプロジェクトにかけられる時間が全体の4分の
だけであれば、活動量は減ることになる。この場合、3ヶ月間　　　は1.5作業月ではなく、1.25作業月という
とになる。
Shift
+

「Shift」キー ＋「↑」　上に1行分、範囲指定
「Shift」キー ＋「↓」　下に1行分、範囲指定
「Shift」キー ＋「←」　前に1字分、範囲指定
「Shift」キー ＋「→」　後ろに1字分、範囲指定

ココがずるい!
繰り返し行う範囲指定。その時間をほぼゼロに短縮できる

先ほど説明したのと同じ要領で、行の範囲指定が行えます。

単語はせいぜい数文字。箇条書きや短い段落なら、1～2行といったところ。「Shift」キーを押したままにして、方向キーを2、3回も押せば、範囲指定がすんでしまいます。時間にして、1秒もかかりません。そんな操作を行うのに、いちいちマウスに手を移すのは、バカげています。生産性向上のカギはムダを省くことが大事ですが、これなど、真っ先に改めるべきです。

キーボードとマウスの間の手の往復だけで2、3秒。ポインターの移動で1、2秒――これだけで3～5秒。そして、マウスを動かす操作には、下手をすると5秒、10秒かかってしまう。なぜなら、マウスは細かい操作が苦手だから。たった数文字、数行というほうがかえって時間がかかってしまうからです。

仮に、1時間の文書作成で、範囲指定を30回行った場合、マウスだと最悪7、8分の時間ロス。これが「Shift」キー＋方向キーなら30秒足らず。その差は歴然です。

028 マウス

最初と最後を指定して素早く範囲指定する

「Shift」キー＋方向キーで範囲指定をする弱点は、範囲指定が広い場合にはかえって時間がかかってしまうこと。

範囲指定の「Shift」キーと、「Ctrl」キー＋「Home」キー、「Ctrl」キー＋「End」キーなどの一気にカーソルを移動させるワザを組み合わせたほうが得策です。また、「PageUp」キー、「PageDown」キーを押せば、ほぼ１ページ分カーソルを移動できますから、これと「Shift」キーを組み合わせるのもいいでしょう。ただ、いきなり違うページにジャンプすると、今、どこにいるのかがわからなくなって、どこまで範囲指定してよいか迷ってしまうことがあるのが難点。現在地を把握するのに手間取り、かえって時間がかかることもあります。

こんなときは、やはりマウスの力を借りたほうが得策。と言っても、マウスをクリックしたまま動かして範囲指定しろというのではありません。マウスをクリックしながら、同時にホイールを回してスクロールできる器用な人はなかなかいないでしょうから、範囲指定が広い場合、スクロールに手間取ってしまうからです。

ここでご紹介するずるいワザは、範囲の最初と最後を指定するというもの。

まず、範囲指定したい始点をクリックして、カーソルを移動。

ココがずるい!
範囲指定の発想の転換。広い範囲でも確実かつ素早く指定できる

「始点」「終点」指定法で範囲指定を行う

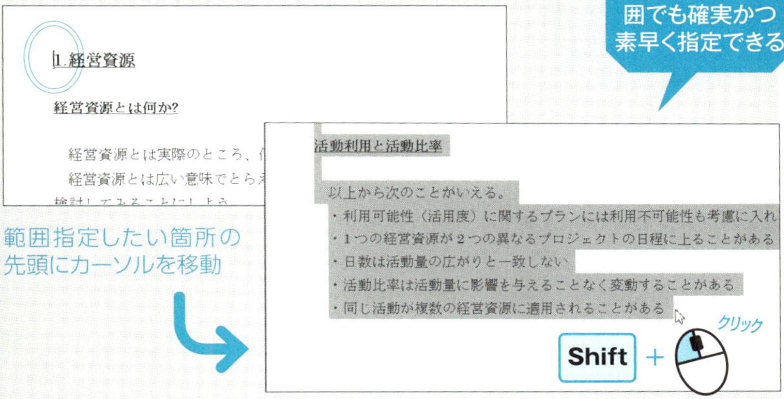

1.経営資源
経営資源とは何か?
活動利用と活動比率
以上から次のことがいえる。
・利用可能性（活用度）に関するプランには利用不可能性も考慮に入れ
・1つの経営資源が2つの異なるプロジェクトの日程に上ることがある
・日数は活動量の広がりと一致しない
・活動比率は活動量に影響を与えることなく変動することがある
・同じ活動か複数の経営資源に適用されることがある
範囲指定したい箇所の先頭にカーソルを移動
クリック
Shift

「Shift」キーを押しながら「終点」をクリック

始点が近くにあるなら、方向キーで移動してもかまいません。

そして、マウスホイールでスクロールして、範囲指定の終点を画面に表示します。このとき、文書にざっと目を通しながら移動できるので、素早く終点が見つけられるのがミソです。

そうしたら、最後に、「Shift」キーを押しながら、範囲指定の終点をクリック。これで、最初にカーソルのあった場所からクリックした場所までを一気に範囲指定できるのです。このワザは逆もしかりで、文章を打ち終え、終点にカーソルがある状態から前にさかのぼって範囲指定することも可能。わざわざ最初に戻って、範囲指定を始める必要はありません。

マウスをクリックしたまま動かすのと違って、操作のプロセスが明確に分かれているので、確実かつスピーディーに作業を行うことができ、仕事がはかどるのです。

029

1キー

マスターしたら check!

Webの表示を素早くスクロールする「ずるいワザ」

仕事ができる人とそうではない人の違いは、「情報力」にあります。

といっても、インターネットが普及した今日、収集する情報そのものに、差はほとんどないでしょう。グーグルなどで検索をかければ、あっという間に知りたいことを探し出すことができるのですから。本当に便利な時代になりました。

では、どこで差がつくかといえば、それはやはりスピード。5分、10分で情報収集をすませてしまう人と、30分、60分と時間をかけてしまう人とでは、仕事の成果に差が出るのも当然です。どうすればWebで情報収集する速さを加速できるのかと言えば、それは画面をスクロールする速さです。

ほとんどの人は、Webをスクロールするのに、マウスホイールを使っているはずです。確かに、リンクのクリックなど、Web閲覧はマウスを使うことが多いので、操作の主役はマウスです。ただ、ずっとスクロールしていて、いい加減面倒に感じたことはないでしょうか。また、大きくページをスクロールする際、まどろっこしい思いをしているはずです。

この操作をもっと速く、快適に行える「ずるいワザ」が「スペース」キー。「スペース」キーを押すと、ほぼ1ページ分、Webページを下にスクロールできます。ほぼ1ページ分、上

ココがずるい!
スクロールの手間をカット。情報収集が加速

スクロールは、「スペース」キーで一気にはかどる

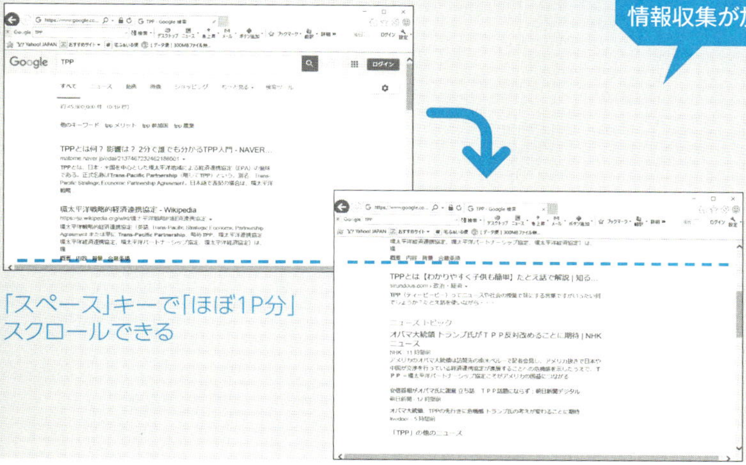

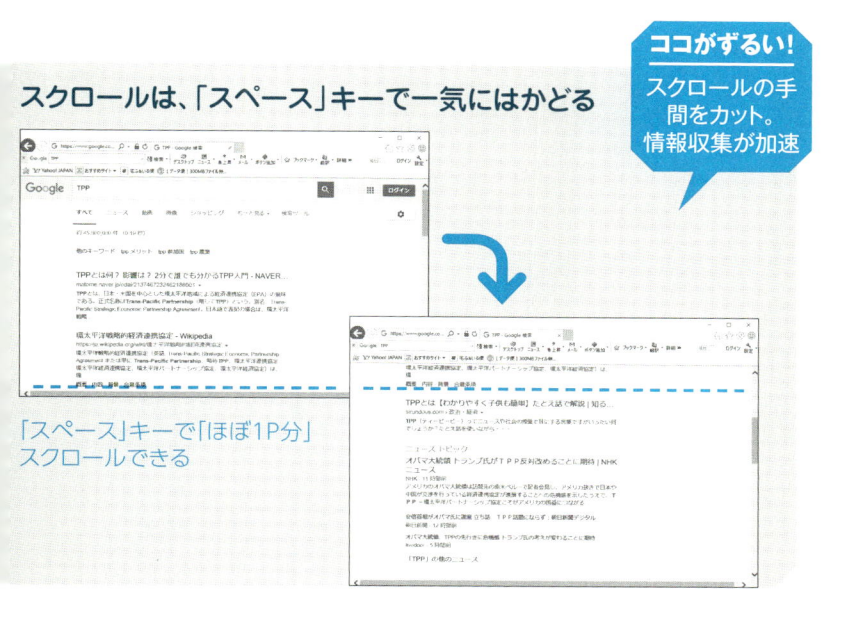

「スペース」キーで「ほぼ1P分」スクロールできる

にスクロールする場合は、「Shift」キー＋「スペース」キーです。このワザは、エッジでも、インターネットエクスプローラーでも、グーグルクロームでも、共通して使えます。

「PageDown」「PageUp」キーでも、同じことができますが、私はあえて「スペース」キーをお勧めします。その理由は、「スペース」キーのほうが押しやすいキーだから。いちいち押すキーを探しているようでは、快適な操作とは言えませんから。

何より、Web閲覧の操作はマウスが中心。マウスを操作する右手はずっとそのままがいいに決まっています。そうなると、キー操作するのは左手。左手で押すなら、「スペース」キーが圧倒的に便利なのです。右手のマウスと左手の「スペース」キー——この二刀流で、スクロールが10倍速くなり、情報収集のスピードが一気に高まるというわけです。

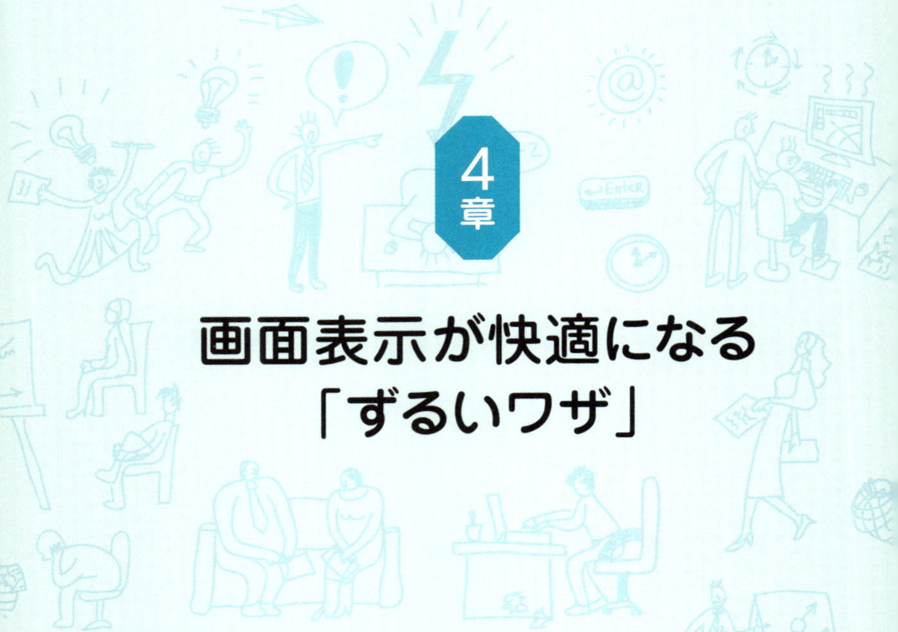
letter

4章

画面表示が快適になる「ずるいワザ」

パソコンの操作は画面を見ながら行います。
ウィンドウを切り替えたり、デスクトップを表示したり、画面に表示しきれない部分をスクロールして表示したりと、画面の操作をいかにうまく行うかで、仕事の効率は変わってきます。
特に、最近は横長になったワイド型のモニターが主流。しかし、ビジネス文書はA4縦がほとんど。上下方向のモニターの表示部分が狭くなった分、不便に感じることが多くなっています。その不便さを解消するため、ずるいワザの重要性・有効性がなおさら高まっているというわけです。
画面表示をどううまくやれば効率が上がるかを追求してみた結果、私が「これは効果大！」と実感した優先順位の高いワザを紹介していきます。画面表示だけでも、仕事の効率・成果においてライバルに差をつけることができるのです。

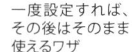

設定のみ
一度設定すれば、その後はそのまま使えるワザ

1
キー
ショートカットキーの中でもキー1つで使えるワザ

ショートカット
「Ctrl」キー＋などショートカットキーを使ったワザ

マウス
キーとの組み合わせなど、マウスがパワーアップするワザ

仕事が効率化する考え方やアイデア仕事術

030 マウス

マスターしたcheck!

右手でマウス、左手で「Ctrl」「Shift」キー

ショートカットキーなどでマウスを使わず操作することは効率アップにつながりますが、そうはいっても、マウス操作はかなりの頻度で行います。このときも、右手１本でマウスを操作するのではなく、右手、左手の基本となるポジションがあるものです。

そのポジションが、右手でマウス、左手で「Ctrl」「Shift」キーということ。

マウスとショートカットキーの「合わせワザ」がいくつもあるからです。028（範囲指定の際、起点にカーソルを置き、「Shift」キーを押しながら終点をクリックする）など、これまでにも「合わせワザ」を紹介してきました。「Ctrl」キーと「Shift」キーは、マウスと組み合わせれば、いろいろなワザが使えるようになるのです。

マウスは便利な道具ですが、「Ctrl」キー、「Shift」キーと組み合わせれば、その威力はさらに３倍、４倍となります。ただし、「Ctrl」キー、「Shift」キーを押すのに、いちいち画面から目を離し、キーボードを見てキーの場所を確認するのでは、その効果は半減します。キー入力もそうですが、パソコンの画面から目を離すと、カーソルがどこにあるのか、マウスのポインターがどこにあるのかがわからなくなって、かえって効率が

左手の小指はマウス操作中、「Ctrl」キーの上

ココがずるい!
マウス操作中のショートカットキーがサッと繰り出せる

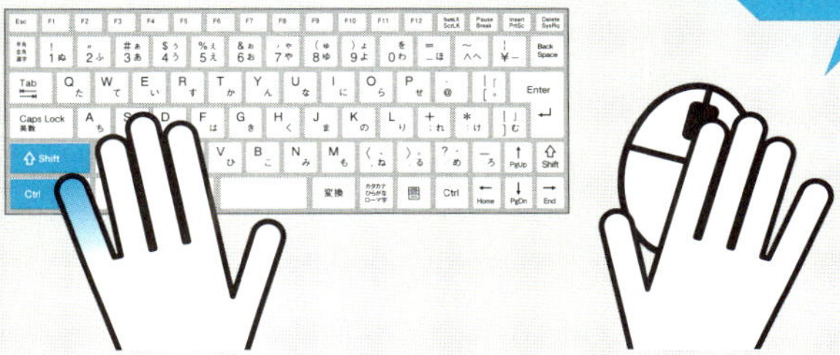
Shift
Ctrl
Enter
Caps Lock
Tab
変換
Back Space

悪くなる場合さえあるからです。そうならないよう、「Ctrl」キー、「Shift」キーは押したいときすぐ押せるようにしておくことが重要になってくる、というわけです。

そのための基本ポジションが、キーボードの一番左下にある「Ctrl」キー。これに左手の小指を軽く乗せます。そうすれば、「Shift」キーは、その上にあるキーですから、すぐ押せるはず。そのために、「Shift」キーは、他のキーよりも大きいと考えてよいくらいです。「Shift」キーは、小指をずらして押しても、小指を「Ctrl」キーに乗せたまま薬指で押しても、どちらでもかまいません。サッと自分が押せる指で押す習慣をつけることが大切です。

「Ctrl」キー+「C」でコピー、「Ctrl」キー+「A」で全て選択など、マウス操作中に、ショートカットキーを使うこともよくありますが、このポジションに左手があれば、「Ctrl」キーの小指を軸に、素早く他のキーを目で確認することなく打てるなど、いいことづくめです。

031 マウス

「Ctrl」キー＋マウスホイールで拡大＆縮小が自由自在

画面表示を一気に快適化するワザの中でも、特に「すぐ使えて」「すぐ覚えられて」「すぐに役立つ」のが、「Ctrl」キー＋マウスホイールです。

マウスホイールといえば、もっぱら画面をスクロールするための道具だと思っている人は多いのではないでしょうか。しかし、そうではありません。「Ctrl」キーとの合わせワザにすれば、画面の表示倍率を自由に拡大＆縮小できる道具になるのです。

例えば、ワードで作成中の文書を大きく表示したい場合。「Ctrl」キーを押しながらマウスホイールを向こう側へ回せば拡大、手前に回せば縮小できます。これにより、字が小さくて見にくい場合はもちろん、「今、1ページのうちどれくらいの分量を入力したのか」というページ内の文量のバランスを確認することもできます。縮小して2、3ページくらい後ろの次の見出しの次にカーソルを移動することだってできるので、文書作成が一気にはかどるようになるのです。エクセル、パワポも同様ですし、PDF文書の小さな文字を読みたい場合にもこのワザは使えます。

しかし、何といっても、このワザが大いに役立つのはWeb閲覧でしょう。たまに横幅がはみ出してしまい、切れた部分を見るのにページを横にスクロールしなければならないことがあ

ココがずるい!
地図の拡大&縮小、画面の表示倍率の変更が思いのまま

「Ctrl」キーを押しながらマウスホイールを回す

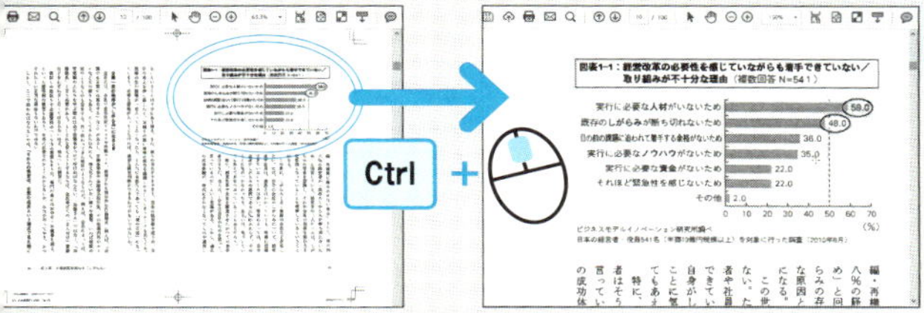

図表1-1：経営改革の必要性を感じていながらも着手できていない／取り組みが不十分な理由（複数回答 N=541）
実行に必要な人材がいないため 58.0
既存のしがらみが断ち切れないため 48.0
実行に必要なノウハウがないため 35.0
実行に必要な資金がないため 22.0
それほど緊急性を感じないため 22.0
その他 2.0
Ctrl
+

ウィンドウの上にポインター　→マウスホイールで表示倍率を変更

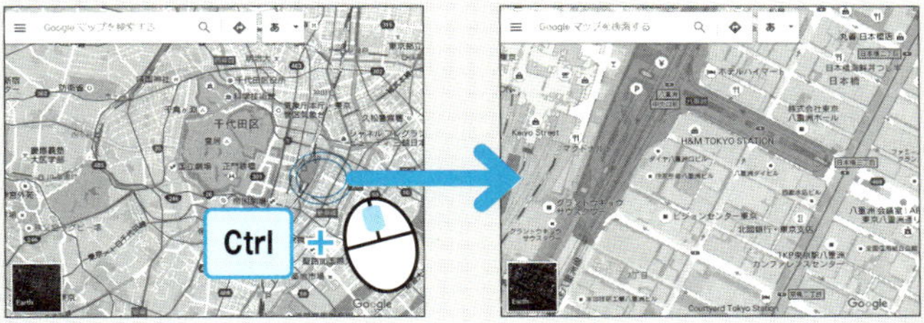

Ctrl
+

地図上にポインター　→地図の縮尺を変更するだけなので注意

りますが、このワザを使えば、ページの横幅が画面に収まるようにページを縮小できます。しかも、このワザは、全てのブラウザに共通して使えます。

ただし、このワザはWeb上の地図を見る場合には使えません。マウスのポインターが地図上にある場合、マウスホイールを回せば、地図の縮尺の拡大＆縮小ができますね。「Ctrl」キー＋マウスホイールでも全く同じで、地図の縮尺の拡大＆縮小になってしまいます。画面表示を拡大＆縮小するには、地図以外の場所にポインターがなければなりません。

とはいえ、地図は縮尺を変えるほうが圧倒的に多いので、それで不便を感じることもないでしょう。

032 ショートカット

マスターしたらcheck!

「使用するウィンドウ」はキー操作一発で切り替える

パソコンでは、いくつかのウィンドウを開き、使用するウィンドウ（＝アクティブ・ウィンドウ）を切り替える、という操作をよく行います。例えば、エクセルで数表を作成してコピーし、ウィンドウをワードに切り替えて文書に貼り付ける、といった具合です。

こんなとき、みなさんはどうやって切り替えを行っているでしょうか。アクティブ・ウィンドウの下のウィンドウがはみ出して見えているときは、クリックすればそのウィンドウをアクティブにできますね。ただ、開いているウィンドウが３つ４つと増えると、この方法では難しくなってきます。

あるいはタスクバーのアイコンをクリックすれば、クリックしたものがアクティブ・ウィンドウになりますね。この方法も、例えばエクセルのファイルを複数開いていると、タスクバーのエクセルのアイコンをクリックしても、それらが小さく並んで表示されるので、そこからクリックして選ばなくてはなりません。マウスは細かい操作が苦手ですから、これを選ぶのが意外に大変です。

そこで、もっと速く、正確にアクティブ・ウィンドウの切り替えができる「ずるいワザ」をお教えいたします。それが、「Alt」キー＋「Tab」キーというワザです。

「Alt」キー ＋「Tab」キーでアクティブ・ウィンドウを切り替え

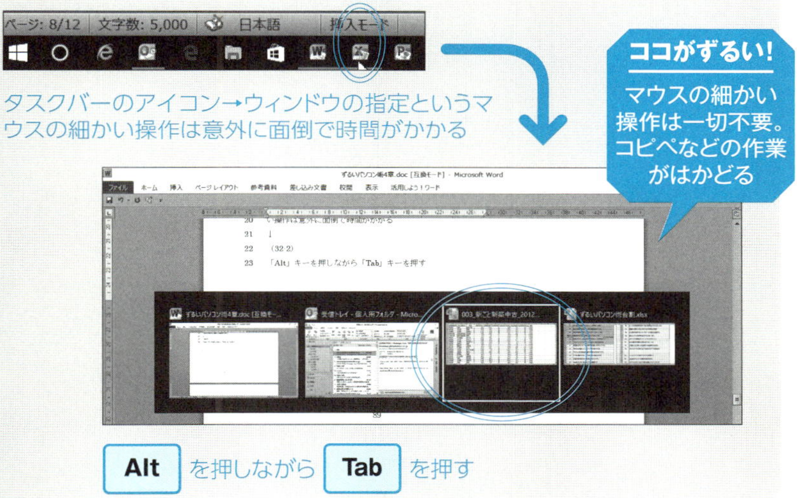
ページ: 8/12
文字数: 5,000
日本語
挿入モード
タスクバーのアイコン→ウィンドウの指定というマウスの細かい操作は意外に面倒で時間がかかる
ココがずるい!
マウスの細かい操作は一切不要。コピペなどの作業がはかどる
「Alt」キーを押しながら「Tab」キーを押す
Alt を押しながら Tab を押す

開いているウィンドウが2つだけなら、「Alt」キー＋「Tab」キーを押せば、もう一方のウィンドウに切り替わります。また、これが3つ以上の場合なら、「Alt」キー＋「Tab」キーで、別のウィンドウがアクティブになり、それじゃないというなら、**「Alt」キーを押したままにして、「Tab」キーをもう1回押します。すると、画面の真ん中に、開いているウィンドウが横一列に小さく表示**されます。その中で「Tab」キーを押した回数だけ右方向に選択したウィンドウが移動しますから、「これがそう」というところでストップ。

手をキーボードの上に置いたままでできてしまいますから、**入力の延長で素早くアクティブ・ウィンドウの切り替え**ができ、仕事の効率を高めることができるのです。

ずるい仕事術 033 1キー

マスターしたらcheck!

Windowsのメインメニューは一瞬で表示できる

みなさんは、Windowsのメインメニューをどうやって開いているでしょうか。

メインメニューとは、「設定」や「電源」、「アプリ」の選択などを行う画面。タスクバー左端の窓のアイコン（「スタート」ボタン）をクリックすれば、メインメニューの表示ができますね。多くの人がこの方法で、Windowsのメインメニューを開いているのではないでしょうか。

しかし、繰り返しになりますが、「スタート」ボタンをクリックするのは、細かい操作が苦手なマウスにとって簡単なことではありませんので、面倒に感じたことがあるはずです。また、面倒と感じたということは、それだけ時間もかかってしまったということ。細かいことに時間を取られて効率を落としてしまっている、ということにほかなりません。

そこで、お勧めしたいのが、キー操作一発でWindowsのメインメニューを開く方法。しかも、覚えるのも簡単です。その方法とは、キーボードの「Windows」キー――「Ctrl」キーの右隣にある窓のアイコンが描かれたキー――を押すだけ。そもそも、このキーの存在に気づいていなかった人も少なくないのではないでしょうか。

メインメニューを表示したら、ズラリと並んだ中から選んで

「Windows」キーでWindowsのメインメニューを開く

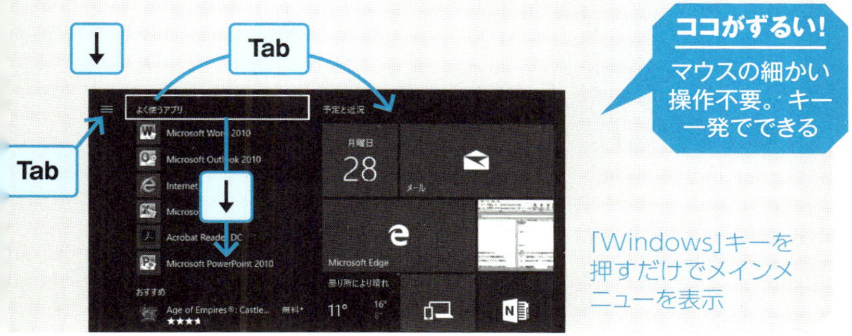

↓
Tab
Tab
↓
ココがずるい!
マウスの細かい操作不要。キー一発でできる
「Windows」キーを押すだけでメインメニューを表示

アプリを立ち上げるなど、マウスを使ったほうが便利な場合もありますが、それでも左手で「Windows」キー、右手でマウス操作と二刀流で操作できますから、細かいアイコンのクリックが不要になる分、効率よく操作ができるはず。また、「↓」キーを押すと、アプリの欄のメニュー選択が始まりますから、「PageDown」キーを押して表示するアプリを下に大きく移動していけば、スクロールの手間が省け、効率がアップします。メニューの下から選んだほうが速いというなら、「End」キーで一番下を表示することも可能です。

電源を切る場合、「設定」を開く場合などは、メインメニューを開いた後、「Tab」キーを押せば、左上のメニューのボタンを選択しますから、「↓」キーでメニューを選び、「Enter」キーで確定すればOKです。

右側の「予定と近況」などのメニューを選ぶときは、「Tab」キーを押せば、右側のメニューに移動しますから、やはり方向キーでメニューを選んで「Enter」キーで確定しましょう。

034 ショートカット

マスターしたら check!

ウィンドウの大きさはキー操作で変更するといい

しばらく使わないウィンドウを、最小化してタスクバーの表示だけにしたり、最大化されたウィンドウを少し小さくして下のウィンドウを選べるようにしたり、……といったことがよくありますね。

こういう「ちょっとしたこと」ほど、最小限の手間ですませてしまいたいものです。しかし、基本はマウスの操作となるので、面倒な操作が必要になってしまいます。

これから紹介するワザは、「おお、それはすごい」とうれしくなるようなすごいワザではありません。しかし、よくやる「ちょっとした作業」なので、意外なほど効率アップにつながります。何しろパソコンは、細かい操作を次から次へと行っていくことが多いですから。その積み重ねが大きな差につながっていくことになります。

まず、選択中のウィンドウの大きさを簡単に変更する方法。それが、「Windows」キー＋上下の方向キーです。ウィンドウの大きさが、「最小化」「普通の状態」「最大化」の３段階あるとすると、これだけで変更できます。画面いっぱいの「最大化」された状態なら、「↓」キーを１回押すとひと回り小さくなり、もう１回押すと、「最小化」されるといった具合です。最小化した直後なら、「Windows」キー＋「↑」キーで、元の大きさ

「Windows」キー＋上下方向キーでウィンドウの大きさを変更

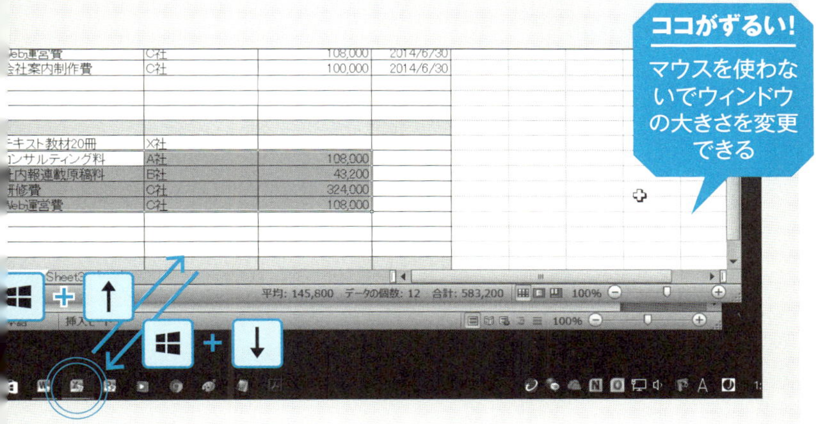
ココがずるい！
マウスを使わないでウィンドウの大きさを変更できる

に戻すこともできます。が、何か別の操作をやると、最小化されたウィンドウの選択が解除されてしまうので、このワザは使えません。下になったウィンドウのデータなどを確認だけして、すぐ元に戻すといった場合にのみ使えます。

次に、「Windows」キー＋「M」というワザ。これは、開いたウィンドウを一気に最小化するものです。つまり、デスクトップ全体を表示できます。ウィンドウを開きすぎた画面をいったんスッキリさせたいとき、あるいはデスクトップ上のファイルを作成中のメールに添付する場合に有効です。タスクバーに最小化された作成中のメールに、ファイルをドラッグすると、添付ファイルになり、作成中のメールは画面上に復活します。メールにファイルを添付するのは意外に面倒なものですが、このワザを使えば、一瞬で片づいてしまうのです。

035

ショートカット

マスターしたら check!

ファイルの集計作業を一気に効率化する2つのコツ

複数のウィンドウを開いて作業するとき、エクセルは少々やっかいです。というのも、全てのファイルが1つのエクセルのウィンドウ内に表示されてしまうから。例えば、エクセルのアンケート票を複数開き、やはりエクセルの集計表にコピペする場合、ウィンドウの周りにはみ出した別のウィンドウをクリックしてアクティブにする、という「ちょっとしたこと」ができないのです。

開いた全てのウィンドウの中から、アクティブにするウィンドウを選んで切り替えるには、「Alt」キー+「Tab」キーというワザがあることはすでに書きました（032）。これに対して、エクセル限定でアクティブ・ウィンドウを切り替えるワザもあります。それが、「Ctrl」キー+「Tab」キーです。例えば、エクセルのAファイル、Bファイルが開かれていれば、「Ctrl」キー+「Tab」キーで、Aファイルと Bファイルに絞って、アクティブ・ウィンドウの切り替えができる、というワザです。Xさん、Yさん、Zさん……というアンケート票を、順に集計用のエクセルファイルにコピペするような場合、アクティブ・ウィンドウの切り替えをエクセル限定にするだけで、ずいぶん効率が変わります。

同様の作業は、ワードなどでも行うことがあります。アンケココがずるい！
アクティブ・ウィンドウの切り替えが効率化し、集計作業などがはかどる

エクセルは「Ctrl」キー＋「Tab」キーで切り替え

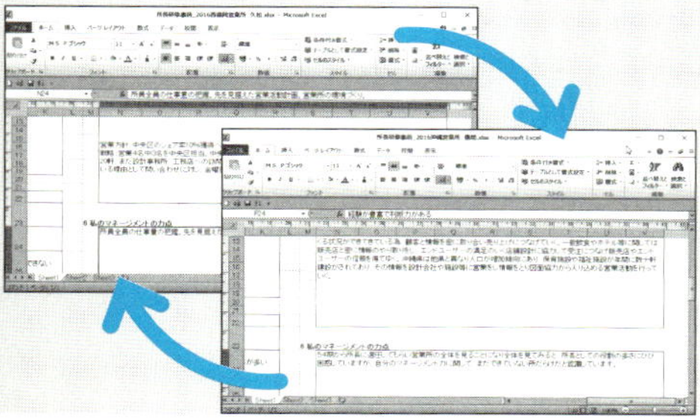

Ctrl ＋ Tab ＝
エクセル限定でアクティブ・ウィンドウの切り替え

ート内容が自由回答になっている場合です。これもコツしだいで大きく効率が変わる典型例です。

　この場合は、「Ctrl」キー＋「Alt」キー＋「Esc」キー。

　これは、アクティブ・ウィンドウを最背面に移動し、2番目に上にあったウィンドウをアクティブにする、というものです。この作業の際は、全員分のアンケート票と集計用のファイルをまず開きます。枚数が多い場合は、集計用ファイルだけ大きくずらして、すぐわかるようにするのがコツ。そして、集計用ファイルとコピペする分のアンケート票の間を、ウィンドウをクリックするやり方で切り替え、作業を行います。

　そして、1人分のコピペが全て終わったら、「Ctrl」キー＋「Alt」キー＋「Esc」キーで最背面へ。こうすれば、作業済みファイルが順に最背面に移されていき、どれが終わって、どれがまだ終わっていないか、わからなくなった、というのがなくなるので、ファイルを確認する時間が不要。作業効率が一気に加速します。エクセルでも使えるとよいのですが、エクセルファイルを複数開いてある場合は、残念ながら使えません。

036 設定のみ

文書の表示部分を大きく使う「ずるいワザ」

本章の冒頭にも書いた通り、今のパソコンの画面は横長のワイドタイプが主流です。このため、文書作成の際、文書の上下方向の表示部分がかなり窮屈になっています。数行上の見出しを確認するとか、見出しの通し番号を確認するとか、そうした場合にスクロールの手間が発生しやすくなっています。

加えて私などは、縦書きの原稿を書くことが多いのですが、これが今のパソコンの画面だと、A4 横向きの文書の 1 ページ分が画面に収まりません。縦書きの文章を書いていて、行全体が画面に一気に表示できないのは、何とも不便です。

ワイドタイプのモニターに切り替わった頃、こうした画面表示のイライラを、うまく処理する方法はないものかといろいろ考えた末、ある意外なワザを思いつきました。それが、メニューバーとツールバーが一緒になったリボンを最小化するという方法です。上下方向の表示部分がもともと少ないのに加えて、ワードやエクセル、パワポは、リボンがかなりの場所を取ってしまいます。逆に、リボンの表示をやめてしまえば、その分、画面を広く使えるということ。やり方は簡単。リボン左上の「∧」ボタンをクリックするだけ。このボタンの存在に気づいていなかった人は意外に多いのではないでしょうか。

「リボンを表示しないと、不便な場合もあるのでは?」と思わ

ココがずるい!
他人のパソコン画面より、広く文書を表示できる

リボンは必要なときだけ表示すればいい

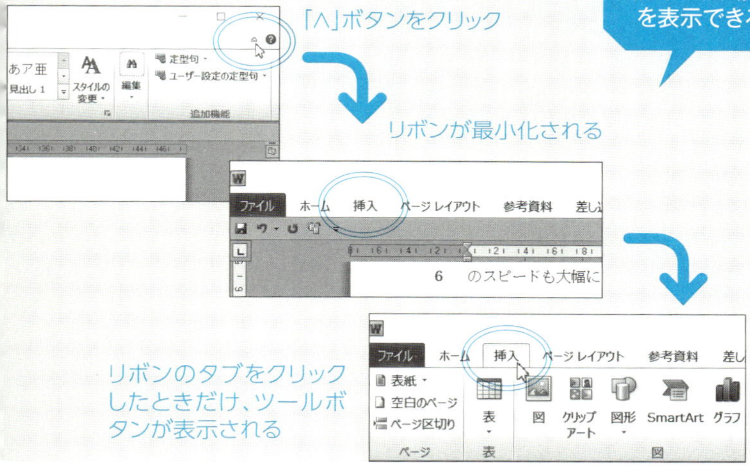
「∧」ボタンをクリック
リボンが最小化される
リボンのタブをクリックしたときだけ、ツールボタンが表示される

れた人がいらっしゃるかもしれません。心配ありません。これを行っても、リボンは最小化されただけで、「ホーム」「挿入」……というタブ名自体は残っています。これをクリックすれば、そのときだけリボンが表示されるのです。リボンのツールボタンは必要なときだけ表示し、文書の表示部分を広くする――たったこれだけのことですが、文書作成が快適になり、文書作成のスピードも大幅にアップします。

これに味をしめて、縦書き原稿以外のときにも使うようになったのですが、「エクセルで、表の下が画面からはみ出してしまう」「表の合計欄がはみ出してしまう」といった場合にも大きな威力を発揮――ちょっとしたことなのに、効果は絶大なのです。仕事の効率は作業環境に大きく左右されるものですが、ほんのひと手間でパソコンはもっと使いやすくなります。

037 マウス

マスターしたcheck! □

Webのリンクを別のタブで開く最速ワザ

Webは、リンクをクリックするだけで見たい情報のあるページにジャンプでき、とても便利です。ただ、いくつかのサイトを比較する場合など、いちいち「元のページに戻る」をクリックして、画面に表示するページを切り替えるのは面倒だし、読み込みにも時間がかかります。こんな場合は、同時に複数のページを開いたままにしておくと便利――**最近のブラウザは、「タブ」を切り替えるだけで、画面に表示するページを切り替える機能が当たり前**になっています。

タブは、使う人はよく使いますが、使わない人は全く使いません。使う人がよく使っているということは、それだけ便利ということ。大きな差がつくポイントなのです。

新しいタブを開き、いちいち検索して、リンクをクリックする――このイメージだとメリットが感じられないのも当然。これから紹介するワザを使わなければ、タブの威力は実感できません。それが、**リンクをクリックする際、「Ctrl」キーを押しておくと、別のタブでリンク先のページが開く**というもの。

つまり、タブとはゼロからページを開くのではなく、開いたページから、見たいページのリンク先を別に開き、見比べたり、元のページに簡単に戻れるのが一番の魅力なのです。

Webを見ていると、面白そうなニュース、仕事に役立ちそ

ココがずるい!

Webのページ間の移動が速くなり、情報収集が加速

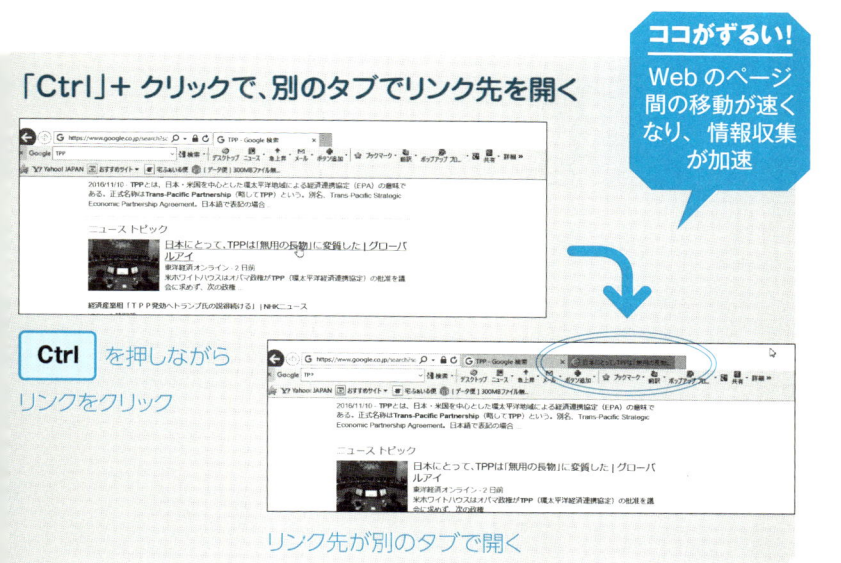

「Ctrl」+ クリックで、別のタブでリンク先を開く

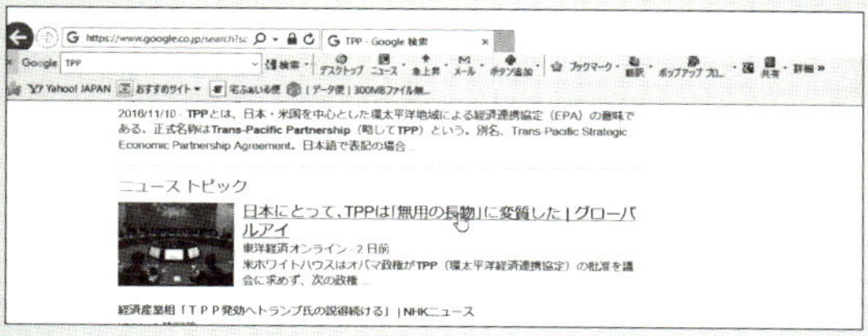
2016/11/10 - TPPとは、日本・米国を中心とした環太平洋地域による経済連携協定（EPA）の意味である。正式名称はTrans-Pacific Partnership（略してTPP）という。別名、Trans-Pacific Strategic Economic Partnership Agreement。日本語で表記の場合…
ニュース トピック
日本にとって、TPPは「無用の長物」に変質した | グローバルアイ
東洋経済オンライン・2 日前
米ホワイトハウスはオバマ政権がTPP（環太平洋経済連携協定）の批准を議会に求めず、次の政権…
経済産業相「ＴＰＰ発効へトランプ氏の説得続ける」| NHKニュース

Ctrl を押しながら
リンクをクリック

2016/11/10 - TPPとは、日本・米国を中心とした環太平洋地域による経済連携協定（EPA）の意味である。正式名称はTrans-Pacific Partnership（略してTPP）という。別名、Trans-Pacific Strategic Economic Partnership Agreement。日本語で表記の場合…
ニュース トピック
日本にとって、TPPは「無用の長物」に変質した | グローバルアイ
東洋経済オンライン・2 日前
米ホワイトハウスはオバマ政権がTPP（環太平洋経済連携協定）の批准を議会に求めず、次の政権…

リンク先が別のタブで開く

うな情報が目に飛び込んできます。気になってリンク先にジャンプすると、またさらに、気になる情報があって……とやっているうちに、元のページからどんどん離れていってしまいます。こんなときは別のタブでリンク先を開くのに限ります。

また、グーグルなどの検索結果は、リンクをクリックして欲しい情報にアクセスします。しかし、開いてみると期待した情報ではなかった、ということがしばしば。そのたび、検索結果に戻って、別のリンクをクリックするという操作を繰り返します。こんな場合、**検索結果は常に残しておいて、リンク先のページは別のタブで表示したほうが、はるかに合理的**でしょう。

タブを使えば、Webのページ間の移動が一気に効率化されます。それが、情報収集の速い人、遅い人の差を生むポイントなのだと心得ておくとよいでしょう。

5章

これだけ！ 基本作業が一瞬で片づく「ずるいワザ」

Enter
Letter

「コピー」「貼り付け」「切り抜き」など、アプリの種類に関係なくよく行う操作はけっこうあります。見方を変えれば、それだけ多くの時間を費やしている操作と言ってよいでしょう。1つひとつはほんのわずかな違いでしょうが、その累積によって、作業の時間が大きく違ってくるということです。
例えば、コピー&貼り付けを右クリックでやったところ、範囲指定やカーソルの移動まで含めて、約4秒かかりました。これをショートカットキーを用いてやったところ、約2秒――半分の時間ということは、文書の編集作業などに1日2時間を費やしているとすれば、1時間という時間が浮くことになります。1日8時間労働なら、この1時間はじつに貴重です。
アプリの種類に関係なく使えるということは、1つ覚えれば使える場面が増えるということ。仕事の効率を高めたければ、まずは「広く使えるワザ」を覚えることです。

設定のみ
一度設定すれば、その後はそのまま使えるワザ

1
キー
ショートカットキーの中でもキー1つで使えるワザ

ショート
カット
「Ctrl」キー+などショートカットキーを使ったワザ

マウス
キーとの組み合わせなど、マウスがパワーアップするワザ

仕事が効率化する考え方やアイデア仕事術

038 ショートカット

マスターしたらcheck!

コピー、貼り付け、切り取りはショートカットキーで行う

コピーのショートカットキーは「Ctrl」キー＋「C」。
貼り付けのショートカットキーは「Ctrl」キー＋「V」。
切り取りのショートカットキーは「Ctrl」キー＋「X」。

すでにご存じだった人が多いでしょう。これだけで、作業の時間を半減できます。ワード、エクセル、パワポ、メール、ブラウザ、PDF、メモ帳……。全てのアプリに共通のワザで、ファイルやフォルダーのコピーや移動も可能です。

「C」がコピーの頭文字だとわかれば、「V」「X」の意味などどうでもいいこと。私は、これらが、「Ctrl」キーに左手小指を置いたままにして一番押しやすい場所にあるからだと理解しています。つまり、これら３つのキーは横一列に並んでいるから、中指で「C」、人差し指で「V」と、続けて押しやすい。だから、コピー＆貼り付けが、流れるように素早くできるのがミソ。単に覚えるだけでなく、素早く続けて打てるよう、手に癖をつけてしまうのがポイントです。

コピペは一連の流れ作業ですませる

ココがずるい
コピペの時間がマウスの半分ですむ

039 マウス

マスターしたら check!

複数のコピー&貼り付けが一瞬で片づく方法がある

コピペは、ショートカットキーが基本ですが、例外があります。例えばＡをコピペして、次にＢをコピペし、またＡをコピペするといったケース。**いちいちコピーのやり直しをして、貼り付け**を行わなければなりません。そういうケースに出くわし、面倒に思った人が少なくないのではないでしょうか。

こんなときは、マウスを使ってコピーするのがうまい手。エクセル、ワード、パワポのリボンには、**「ホーム」タブに「クリップボード」**があります。これをクリックすると、ウィンドウの左側に、**コピーしたものが一覧で表示される**ようになります。これを使えば、**選んでクリックするだけで、いろいろな種類のデータを選んでコピペできる**のです。

基本操作の１つですが、これを知らずに、いちいちコピーのやり直しをして、貼り付けを行っている人が少なくありません。範囲指定とコピーのやり直しという作業がカットされるので、周囲が驚くほどコピペの効率がアップします。

ココがずるい!
いちいちコピーのやり直しをする必要がない

クリップボードを使えば複数のコピペが効率化

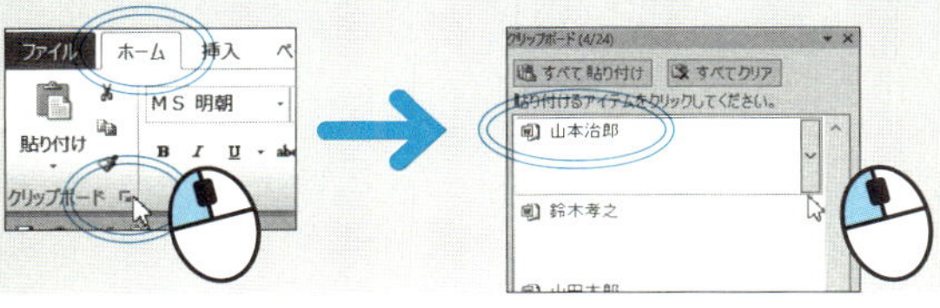
ファイル
ホーム
挿入
貼り付け
ＭＳ 明朝
クリップボード
クリップボード (4/24)
すべて貼り付け
すべてクリア
貼り付けるアイテムをクリックしてください。
山本治郎
鈴木孝之

040

1 キー

マスターしたら check!

「OK」ボタンはクリックしない。「Enter」キーですませる

人間は、「ボタン」があれば押すものだという先入観があるようです。Windowsでは、感覚的に操作できるよう、ボタンをクリックさせることがよくあります。「OK」「はい」「いいえ」「キャンセル」「検索」などがその代表格です。

しかし、いちいちマウスに手を移してこれらのボタンをクリックする必要はありません。「Enter」キーを押せば、青い線が回りについたボタンをクリックできるからです。

そんなこと、当たり前じゃないかと思う人は多いでしょう。しかし、このやり方なら、コンマ数秒で終わってしまう操作なのに、いちいちマウスでクリックしている人はかなりいます。

ログインに始まって、文書の保存、検索……。これって、時間と労力のムダ以外の何物でもないと思うのは、私だけでしょうか。そういう人に「Enter」キーのことを教えても、「うるさいな。確実にやりたいから、これでいいんだ」と反論します。確かに、私なども、反射的に「Enter」キーを押す癖がついているので、間違って上書き保存してしまうことがたまにありました。しかし、何度か「痛い目」にあうと、今度は、反射的に押すのではなく、「大丈夫かな」と立ち止まって考える習慣がつきます。また、ミスしないように、デスクトップ上にファイルを複製してから開くとか、開いた直後に「別名で保存」を行

ココがずるい!
マウスで数秒かかる操作がコンマ数秒でできてしまう

ボタンは「Enter」キーで押す

Y! http://www.yahoo.co.jp/
Google
パソコン効率ワザ
検索
Y! Yahoo! JAPAN
おすすめサイト
宅ふぁいる便
ホームページに設定する

「はい」「保存」などのボタンのほか、キーワード入力後の検索も Enter ↵ でできる

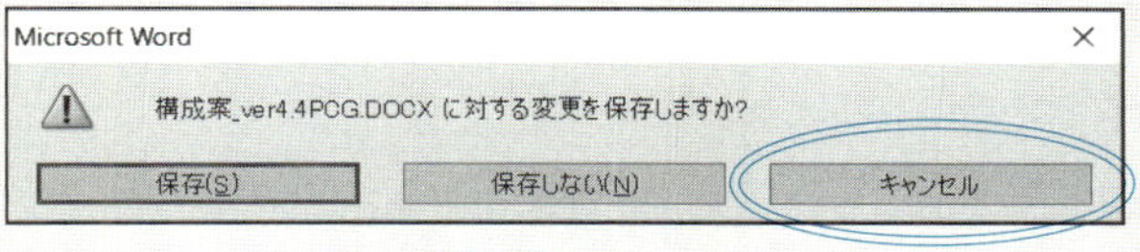
Microsoft Word
構成案_ver4.4PCG.DOCX に対する変更を保存しますか?
保存(S)
保存しない(N)
キャンセル

「キャンセル」ボタン = Esc

うようになりました。細かい操作が苦手なマウスを使うのは、いかがなものかと思うのです。

同様のことが、ファイルやフォルダーを開く場合についても言えます。ファイルやフォルダーを選択したら、「Enter」キーを押せば、一瞬で、しかも確実に開けます。ダブルクリックは、焦っているときなど、パソコンがダブルクリックと認識してくれず、反応しないことがよくあります。また、アプリが重い場合など、「反応していないのかな」と不安になって、二重、三重に開いてしまうこともあります。

なるべく「Enter」キーですませる習慣が身につくと、それだけでボタン操作の効率が大幅にアップするのです。

ずるい仕事術 041 ショートカット

マスターしたら check!

「印刷」したいときは「Ctrl」キー ＋「P」

全てのアプリに共通で、印刷を行うショートカットキーは「Ctrl」キー＋「P」。エクセル、ワード、パワポはもちろん、PDF 文書やメール、ブラウザなどにも使えます。

エクセル、ワードなどは、ツールボタンをタブで切り替える「リボン」形式になっているので、昔と違って、ツールボタンのクリック一発で印刷できません。いちいち「ファイル」タブをクリックして、それから「印刷」メニューをクリックして、印刷画面を表示するのです。面倒な上に、時間もかかります。

しかし、「Ctrl」キー＋「P」を押して最後に「Enter」キーで、「印刷」ボタンをクリックしたのと同じ。マウスを使うと 4 ～ 5 秒はかかってしまう操作が、このやり方ならせいぜい 1 秒。スピード感がまるで違います。

なお、閉じた文書を印刷する場合、印刷のためだけにファイルを開くのが、時間もかかり、面倒なことがあります。こんなときは、ファイルを右クリック→「印刷」が便利です。

ココがずるい

マウスで４～
５秒の操作か
１秒足らずで
すんでしまう

「Ctrl」キー ＋「P」＝ 印刷

左手の小指で「Ctrl」キーを押し、右手の人差し指で「P」。印刷画面が表示されたら、そのまま右手の小指で「Enter」キー

042 ショートカット

マスターしたら
check!

「新規文書の作成」は「Ctrl」キー ＋「N」

アプリを立ち上げれば、自動的に画面にはまっさらな新規文書が表示され、そのまま文書作成を行うことができます。ただ、1つの文書を作成し終えて、次の文書の作成に移るとき、いちいち「ファイル」タブをクリックして、メニューの「新規作成」をクリックするのは、やはり面倒です。こんな場合は、「Ctrl」キー＋「N」を押せば、画面に新規文書を開くことができます。もちろん、「N」は「New」の頭文字です。

マウスを使うとやはり4、5秒はかかってしまう操作ですが、この方法なら、コンマ数秒ですんでしまいます。何より、思い立ったとき（作成中の文書とは関係のない、思いつきやメモ）に、サッと新規文書作成を始められますから、仕事のやり忘れがない、アイデアマンになれるというメリットもあります。

ちなみに、このワザは、メールなら新規メールの作成画面、ブラウザなら、新しいウィンドウが開きます。覚えやすいワザですから、ぜひこの機会に覚えていただければと思います。

「Ctrl」キー ＋「N」＝ 新規文書を開く

左手の小指で「Ctrl」キーを押し、右手の人差し指で「N」

ココがずるい!
マウスで4～5秒の操作が1秒足らずですんでしまう

043 設定のみ

マスターしたらcheck!

すでにある文書を「開く」には「最近使用した文書」

すでにある文書を開くショートカットキーは「Ctrl」キー＋「O」。「O」は「Open」の頭文字です。ただ、このワザは、ほとんど使いません。というのも、このキーを押すと、画面に「ファイルを開く」画面が表れますが、お目当てのファイルを表示するため、フォルダーを移動する手間が大変だからです。むしろ、デスクトップ上でフォルダーを開いて、お目当てのファイルを選んで「Enter」キーを押したほうが効率がいいでしょう。

ただ、少し前に開いたはずだが、どこのフォルダーにあるかわからない、といった場合は話が別。こんなときは、リボンの「ファイル」タブをクリックし、「オプション」→「詳細設定」の「表示」にある「[ファイル] タブのコマンド一覧に表示する、最近使った文書の数」のチェックボックスにチェックを入れておくのが賢い方法。いちいち「最近使ったアイテム」をクリックしなくても、「ファイル」タブを開けば、すぐに最近使ったファイルが開ける、というわけです。

「ファイル」タブ →「オプション」→「表示」
→「[ファイル] タブのコマンド一覧に表示する、最近使った文書の数」にチェック

ココがずるい
どのフォルダにあるか、ファイルを探す手間が省ける

044 ショートカット

マスターしたら check!

「文書を保存」＝「Ctrl」＋「S」を手グセにしておく

ふだん文書を作成するとき、「保存」を行うのは作成が終わったとき、という人が多いと思います。確かに、作成中に何度も保存するのは、面倒に思えるかもしれません。

しかし、文書作成中はまめに保存を行うことをお勧めします。その理由は、最近のWindowsは、フリーズしたり、予期せぬエラーとやらで強制終了してしまうことが多いから。せっかく途中まで作成した文書を、またはじめから作成しなければならないというのは、やはり心が折れます。文書作成中は、考えたり、コーヒーを飲むなどして手を休めることがけっこうありますから、そんなときは、「Ctrl」キー＋「S」を押すのを習慣にしておくといいでしょう。もちろん、これが「保存」のショートカットキーで、「S」は「セーブ」の頭文字です。

キーボードから手を離すときの手グセにしてしまえば、ほとんど意識せず、文書の保存ができます。トラブルに巻き込まれにくくなり、落ち込んで時間を無駄にすることがなくなります。

ココがずるい!
不意の強制終了やフリーズに強くなれる

「Ctrl」キー＋「S」＝文書を保存する

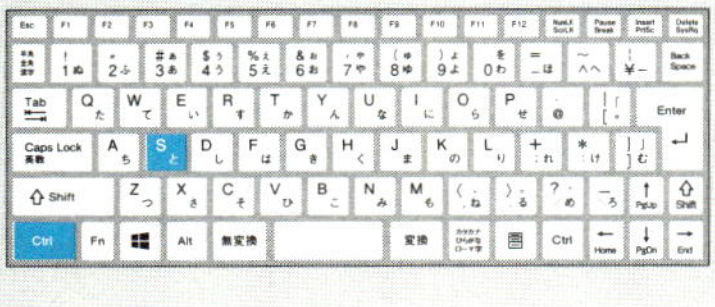

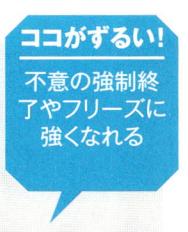

左手の小指で「Ctrl」キー、中指で「S」を押すのを、キーボードから手を離すときの手グセにしてしまう

045

1 キー

マスターしたら check!

「別名で文書を保存」＝「F12」キー

仕事では、以前作成した文書を再利用して、新しい文書を作成することがよくあります。そして、新しい文書を「名前を付けて保存」にして、別のファイルにする――どなたも、ふだんからやっておられると思います。

ここで、いちいちリボンの「ファイル」タブ→「名前を付けて保存」を選ぶのは、やはり面倒。こんなときは、「F12」キー。これを押すと、「名前を付けて保存」画面が表れるので、ファイル名をつけて、最後に「Enter」キーを押せば完了となります。

重要なのは、このワザを使うタイミング。というのも、間違って「Ctrl」キー＋「S」を押してしまい、元の文書に上書き保存してしまう、というミスがよく起こるから。こうしたミスを防ぐには、「別名で保存しないといけない」という意識が一番強く残っている、文書を開いた直後に行うのがベスト。特に、私のように「Ctrl」キー＋「S」が手グセになっていて、しきりに押してしまう人間には欠かせません。

元の文書を開いた直後に「F12」キーで「名前を付けて保存」

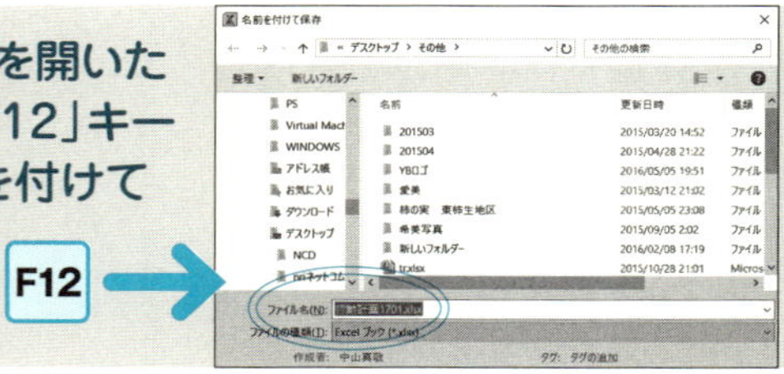
F12
名前を付けて保存
ファイル名(N):
ファイルの種類(T): Excel ブック (*.xlsx)

ココがずるい

マウスを使う
りスピーディ
元の文書に
書きするミス
減る

046 ショートカット

マスターしたら check!

「アプリの終了」＝「Alt」キー ＋「F4」キー

「アプリの終了」「ウィンドウを閉じる」は、アプリによって、ショートカットキーが異なります。例えば、アドビリーダーは、「Ctrl」キー＋「Q」でアプリ終了。「Q」は「Quit（終了）」の頭文字。エクセルやワード、パワポなどはこのワザが使えません。また、エクセルやワードで複数のファイルを開いているとき、「Ctrl」キー＋「W」でウィンドウを閉じられますが、このワザに対応していないアプリはかなりあります。

どんなアプリでも必ず対応している「アプリの終了」のショートカットキーがあるのです。それが、「Alt」キー＋「F4」です。

このワザは、「〇〇の頭文字」というものではないので、なかなか覚えられないかもしれません。

しかし、マウスで、ウィンドウの小さな「閉じる」ボタンをクリックするのは面倒。繰り返し使えば自然と覚えられるもの。ふだんから使うことを心がけるようにしたいものです。

どんなアプリも終了できる「Alt」キー ＋「F4」キー

左手の人差し指か親指で「Alt」キーを押し、右手の人差し指を上に伸ばして「F4」キーを押す

047 ショートカット

マスターしたらcheck!

「すべて選択」＝「Ctrl」キー ＋「A」

範囲指定で、「すべて選択」を行うショートカットキーが、「Ctrl」キー＋「A」。「A」はもちろん、「All」の頭文字です。

昔は、メニューバーの「編集」を選べば「すべて選択」がありました。しかし今や、「ホーム」タブで「編集」→「選択」→「すべて選択」を次々クリックしなければなりません。場所がわかりにくい上、その時間、労力たるやバカになりません。

コピーの「Ctrl」キー＋「C」などと同様、多くの人がすでにご存じだったでしょうが、もし「知らなかった」という人がいたら、絶対に覚えてください。

このワザで重要なポイントは、「ほぼ全て」を選択する場合。全て選択した後、「Shift」キーを押しながら「↑」「←」キーを押すと、末尾から1行、1字ずつ範囲指定から外すことができます。後で選択範囲を微調整できることがわかっていれば、全てではない広い範囲指定が、一気に効率化できるので、知っておいて損はないでしょう。

「Ctrl」キー ＋「A」＝ すべて選択

左手の小指で「Ctrl」キーを押しながら、左手の中指で「A」を押す

ココがずるい

広い範囲指
でも、マウ
でスクロー
する手間が
切不要

マスターしたら
check!

048 ショートカット

「操作を取り消す」＝「Ctrl」キー ＋「Z」

誤って、大切な文やデータを削除してしまったとか、表の体裁を崩してしまったとか——パソコン操作にミスはつきもの。

しかし、仕事ができる人ほどそんなとき狼狽しません。それは、誤った操作を取り消して、元に戻せることを知っているからです。それが、「Ctrl」キー＋「Z」です。

これを使えば、間違った操作をした後、文を打ち直したり、表や書式の体裁をいちいち修正して直す必要がなくなります。時短に直結する優れワザなのです。もちろん、取り消せる操作は１つに限りません。「Ctrl」キーを押しておき、「Z」を押した回数分だけ、操作を取り消せます。

もし、「Z」を多く押しすぎて、取り消す必要のない操作まで取り消してしまったら？——そんな場合も心配ありません。「Ctrl」キー＋「Y」は、「取り消しの取り消し」。誤った取り消し操作も、これで取り消すことができます。操作ミスを必要以上に恐れなくなります。それが最大の効用かもしれません。

「Ctrl」キー ＋「Z」＝ 操作の取り消し
「Ctrl」キー ＋「Y」＝「操作の取り消し」の取り消し

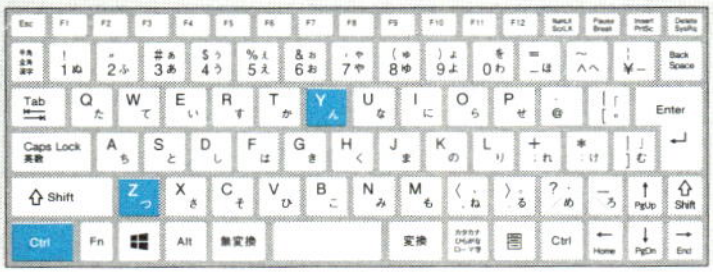

左手の小指で「Ctrl」キーを押しながら、左手の薬指で「Z」を押す。「Y」は、右手の人差し指で

ココがずるい！
操作ミスしても、簡単に元に戻せる。再入力などは不要

「検索する」 =「Ctrl」キー ＋「F」

ワードやエクセルで、特定の言葉を探したり、ブラウザでWeb ページを閲覧しているとき、知りたい情報がどこにあるかを探したり――情報収集に欠かせないのが「検索」機能です。エクセル、ワード、パワポのほか、ブラウザ、メモ帳などでも使える検索のショートカットキーが「Ctrl」キー＋「F」。「F」は「Find（見つける）」の頭文字です。

例外がメールアプリのアウトルック。その他のメールアプリも多くが使えません（Macの標準メールアプリ「メール」では、「Command」キー＋「F」で検索可能）。「Ctrl」キー＋「F」には、メールで検索以上によく使う別の機能が割り当てられるからです。「F」は「Forward」の頭文字なのでメールの転送のショートカットキーになっています。

ともあれ、多くのアプリで使える「検索」のショートカットキー。情報力が高まり、仕事の実力がアップすることは間違いないでしょう。

「Ctrl」キー ＋「F」＝ 文字列を検索する

左手の小指で「Ctrl」キーを押しながら、左手の人差し指で「F」を押す

ココがずる

文章中の特
の言葉を素
く見つけ出
とができ

050 ショートカット

マスターしたら check!

「プロパティを開く」 =「Alt」キー ＋「Enter」キー

「プロパティ」とは、詳細情報のこと。例えば、ファイルの容量、作成日時や更新日時といった情報を確認したり、「読み取り専用」「アクセス権限」などの詳細設定を行えます。

一般的なプロパティ画面の開き方は、右クリックで右クリックメニューの中から「プロパティ」を選ぶやり方。繰り返しになりますが、マウスは細かい操作が苦手。ズラリ並んだメニューから「プロパティ」を選ぶのは意外に面倒です。

そこで役立つのが、「Alt」キー＋「Enter」キーというワザ。これを押せば、一瞬でプロパティ画面が開きます。メールにファイルを添付する場合に、容量が大きすぎないか確認するなど、詳細情報がちょっと気になったときに、サッとプロパティ画面が開けるので便利。確認が終わったら、標準で「OK」ボタンが青く囲まれ選ばれた状態になっているので、「Enter」キーを押すだけで閉じるのも簡単。とっつきにくかったプロパティが身近になり、仕事の精度が高まるに違いありません。

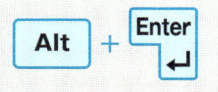

プロパティとは「詳細情報」のこと

Alt ＋ Enter

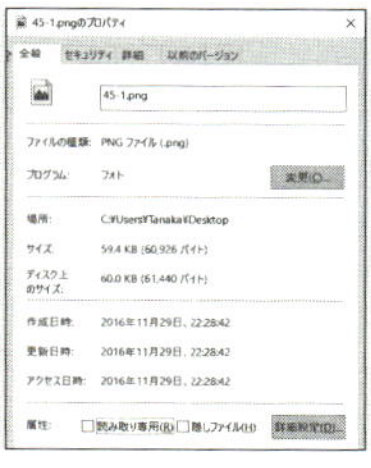
45-1.pngのプロパティ
全般
セキュリティ
詳細
以前のバージョン
45-1.png
ファイルの種類: PNG ファイル (.png)
プログラム: フォト
変更(C)...
場所: C:¥Users¥Tanaka¥Desktop
サイズ: 59.4 KB (60,926 バイト)
ディスク上のサイズ: 60.0 KB (61,440 バイト)
作成日時: 2016年11月29日、22:28:42
更新日時: 2016年11月29日、22:28:42
アクセス日時: 2016年11月29日、22:28:42
属性:
読み取り専用(R)
隠しファイル(H)
詳細設定(D)...

ココがずるい!
容量などの詳細情報をちょっと知りたいとき、サッとわかる

Enter
Letter

6章

もう迷わない！
ファイル管理の「ずるいワザ」

仕事では、大量のファイルを扱います。その整理について、「うまい方法はないものか」と悩んでいる人は少なくないでしょう。しかし、完璧な情報管理術はありません。ある程度、適当に考えて、アバウトにファイル管理を行うくらいでいいのです。

グーグルの創業者の1人ラリー・ペイジが、Gメールの機能について、「不要なメールを削除するなんて、時間のムダだ」と意見したというのは有名な話。ファイル同様、大量の受信メールをどう管理するかで悩むより、「検索すればそれでいいじゃないか」という“発想の転換”をしているわけです。

ファイル管理が不要と言っているわけではなく、ファイル管理も発想の転換が必要なのだと私は思います。

その上で、いかにファイルを管理するのか――効率アップを生むワザを紹介します。キーワードは、「過ぎたるは及ばざるがごとし」です。

設定のみ
一度設定すれば、その後はそのまま使えるワザ

1
キー
ショートカットキーの中でもキー1つで使えるワザ

ショート
カット
「Ctrl」キー＋などショートカットキーを使ったワザ

マウス
キーとの組み合わせなど、マウスがパワーアップするワザ

仕事が効率化する考え方やアイデア仕事術

051

マスターしたら
check!

フォルダーを過信しない 効率的なファイル管理法とは

私たちは図書館の司書でも、研究者でもありません。ファイル整理の目的は、必要なファイルを素早く取り出せるようにすること。ファイルの分類自体には意味がないのです。

そのために頭に入れておくべきことは、フォルダーは階層が深くなるほど取り出すのに時間がかかるということ。つまり、フォルダーの中にフォルダーを作って、さらにその中にフォルダーを……とやると、それだけファイルを開くのに時間がかかります。また、そうした奥のほうにあるフォルダーは開く機会が少ないので、ファイルの存在自体、忘れてしまいがち。二度と使うことのないファイルなど、ただのゴミと同じです。

みなさんの机を思い出してください。すぐ使う書類は机の上に置いたり、案件ごとクリアファイルに入れて本立てに立てているはず。大切なものを引き出しに入れると、かえってどこにあるのかわからなくなる原因になっていませんか。

私のファイル管理術は、机の実体験の反省をそのまま生かしたものです。進行中のファイルは、そのままデスクトップ上。1つの案件で複数のファイルがある場合はフォルダーに入れますが、やはりそのままデスクトップ上に置きます。そうすれば、デスクトップを見るだけで、現在進行中の案件がわかり、仕事のやり忘れがなくなります。そして、その案件が片づいたら、「ワ

ココがずるい!

適当にやっているようで、使うファイルが一番早く開ける

現在進行中のファイルはデスクトップ上に保管する

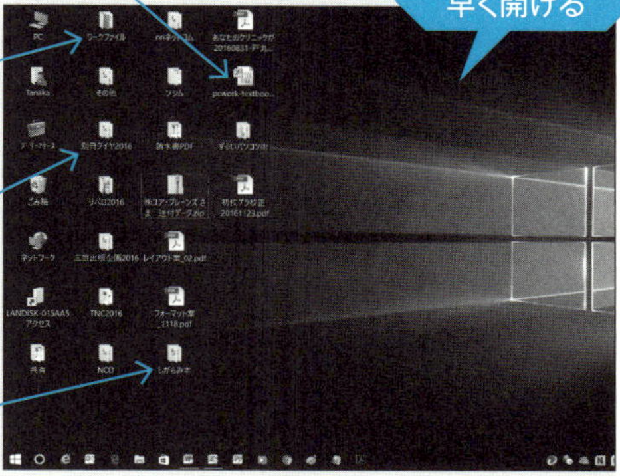

現在進行中の案件はデスクトップ上に保存

終了した案件は、「ワークファイル」に格納

定期的に案件が発生する仕事は、取引先別にその年のフォルダーをデスクトップに

複数のファイルがある案件だけフォルダーにしてデスクトップ上に

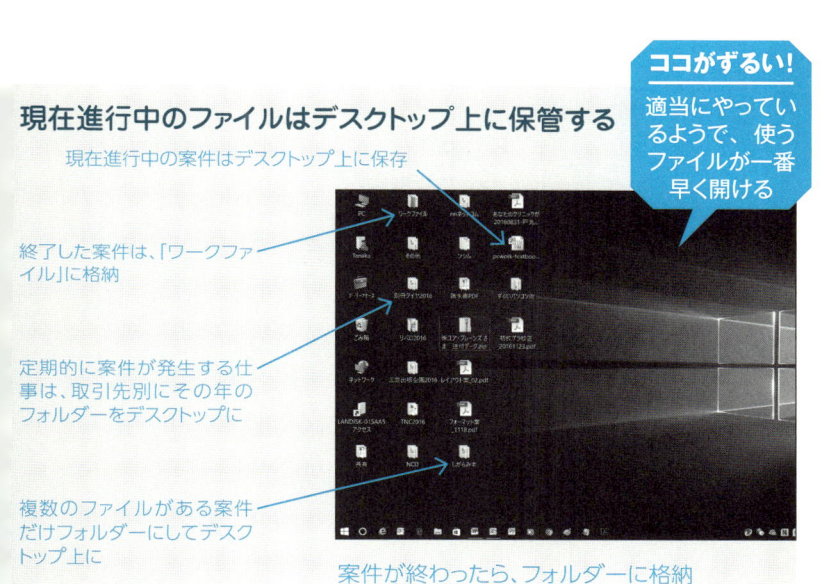

案件が終わったら、フォルダーに格納

ークファイル」というフォルダーに入れます。1年の終わりに「2016年」などと年ごとにフォルダーを作って、1年分のファイルを整理します。これで、「あれは確か、1年前だったな」という記憶をたよりに簡単に探し出せるからです。基本的に、私にとってのフォルダーは「保管庫」。ひんぱんに使うファイルを置いておく場所ではありません。

「重複なく・漏れなく」を意味する、MECE（Mutually Exclusive and Collectively Exhaustive）という思考の鉄則があります。私のファイル整理術も、「進行中／終了ずみ」「時期」で整理しているのでMECEが当てはまりますが、いちいちそんなことを考えてやってはいません。机の延長で、アバウトに自分が使いやすいよう管理すれば、それで十分。**複雑にすればするほど逆効果**です。

052 ショートカット

マスターしたらcheck!

新規フォルダーは ショートカットキーで作成する

私にとって、フォルダーは保管庫であるというのが基本です。フォルダーだらけになると、フォルダーを開くのに時間がかかり、かえって効率的なファイル管理ができなくなるからです。

ただ、1つの案件でもファイルが多すぎて、そのままだとゴチャゴチャしてわけがわからなくなってしまいます。そんな場合は、フォルダーを作成して1つにまとめています。ファイルがいくつ以上になればフォルダーにまとめるといったルールは一切ありません。必要に応じてフォルダーを作ればそれで十分。もともとパソコンの画面は、感覚的に使えるよう、「机の上」に見立ててあります。感覚的にファイル管理を行っても、不都合はありません。

デスクトップが乱雑になってきたから、フォルダーを作ってまとめようかな――そう思ったとき、簡単にフォルダーが作成できることが重要なポイントです。面倒だと、つい後回しになってしまうからです。しかし、デスクトップやフォルダーの中を右クリックして、「新規作成」→「フォルダー」と選んでいくのは、意外に面倒です。何しろ、マウスは細かい操作が苦手ですから、ズラリと並んだメニューからお目当てのものの上に正確にポインターを移動させなくてはなりません。

そこでお勧めしたいのが、ショートカットキーでフォルダー

「Ctrl」キー ＋「Shift」キー ＋「N」で新規フォルダー

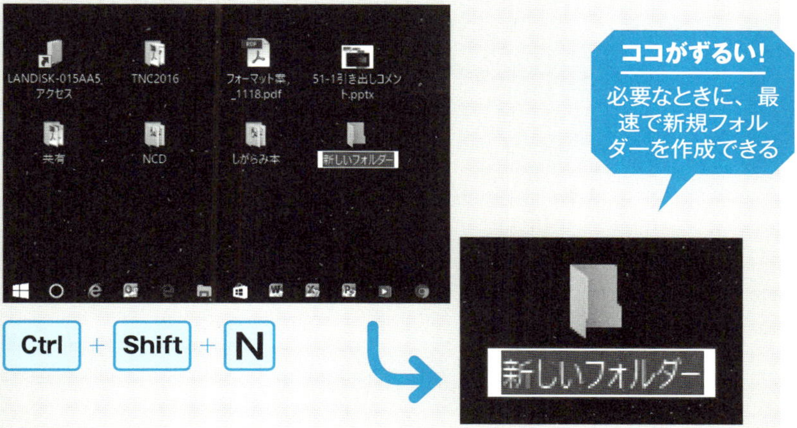
LANDISK-015AA5 アクセス
TNC2016
フォーマット案_1118.pdf
51-1引き出しコメント.pptx
共有
NCD
しがらみ本
新しいフォルダー
ココがずるい!
必要なときに、最速で新規フォルダーを作成できる
Ctrl
Shift
N
新しいフォルダー
そのままフォルダー名を入力

を作るワザ。「Ctrl」キー＋「Shift」キー＋「N」です。

　例えばデスクトップを表示して、このワザを行うと、デスクトップ上に新しいフォルダーが作成されます。新しいフォルダーは、フォルダー名が青い背景色つきになっており、そのまま入力してフォルダー名をつけることができます。つまり、マウス操作が一切不要で、新しいフォルダーができるのです。

「重複なく・漏れなく」の MECE を意識して、最初に空っぽのフォルダーをたくさん作る人がいますが、フォルダーの数が増えれば、探すのにも時間がかかってしまいます。**フォルダーは、必要なとき、必要に応じて作る**に越したことはありません。必要になったとき、素早くフォルダーを作成できるのが、この「Ctrl」キー＋「Shift」キー＋「N」というわけです。

053 1キー

マスターしたら check!

ファイル名の変更は キー操作一発ですませるといい

ファイル名やフォルダー名の変更は、意外にやっかいです。

ファイルやフォルダーを右クリックし、「名前の変更」を選ぶやり方だとマウスで細かい操作をしなくてはなりません。また、ファイルやフォルダーを選択して、もう一度クリックすると、名前の部分に青い背景色がついて、名前の変更ができますが、「ファイルやフォルダーを選択して」「もう一度クリックする」という2度のクリックが、ダブルクリックと勘違いされて、ファイルやフォルダーを開いてしまうことが少なくありません。これでイライラした経験のある人は多いはずです。

そんなイライラが一気に解消する「ずるいワザ」があります。それが、「F2」キーです。このキーを押せば、即、名前の変更が可能になるからです。

これを行うと、名前全体が青い背景色となりますが、「↓」キーを押してみてください。すると、ファイル名、フォルダー名の一番後ろにカーソルが来ます。ファイル名の最後に「1701」などと日付を入れる人が多くいますが、この方法なら、「BackSpace」キーで日付部分だけ削除して、数字を変更するのも簡単です。また、名前の最初を変更したい場合なら、「Home」キーを押せば、カーソルが先頭に来ます。「Delete」キーを押せば、名前の先頭から1字ずつ削除できるので、先

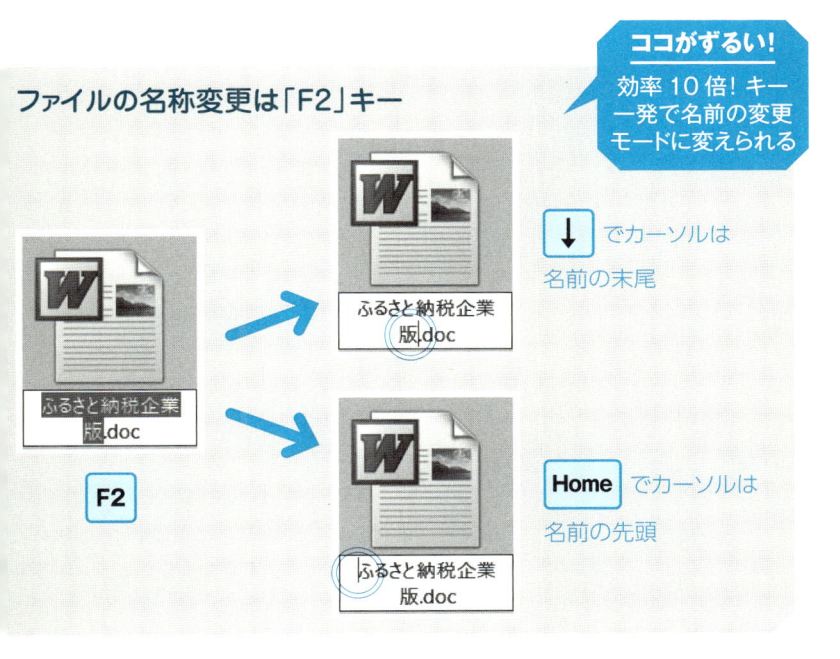

ファイルの名称変更は「F2」キー

ココがずるい!

効率10倍! キー一発で名前の変更モードに変えられる

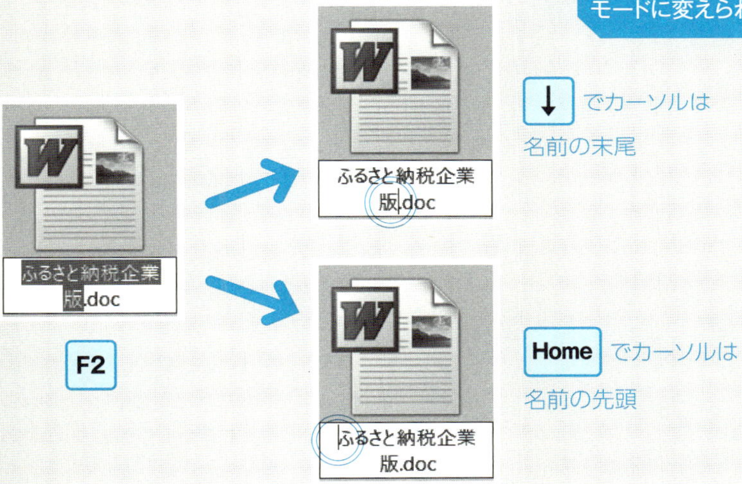

ふるさと納税企業版.doc
F2
ふるさと納税企業版.doc
↓ でカーソルは
名前の末尾
ふるさと納税企業版.doc
Home でカーソルは
名前の先頭

頭部分を変更する場合に便利です。名前の変更が終わったら、「Enter」キーで確定――マウス操作なしで、ファイル名の変更がすみ、非常に効率的です。

さらに、このワザを応用した効率ワザがあります。それは複数のファイルの名称を変更する場合。例えば、展示会で撮影した複数の写真に、それとわかる名前をつけたいときなどです。

こんなとき、1つずつ名前を変更する必要はありません。最初に**名前を変更したいファイルを同時選択**します。そして、「F2」キーを押して名前の変更を行い、「○○展170108」などと名前を付けます。最後に、「Enter」キーで確定を行うと、同時選択したファイルに**「○○展170108(1)」といった具合に、通し番号がつけられる**のです。

これは、全く同じ名前のファイルは同じ場所に置けないため、パソコンが（1）（2）……を末尾に付けて区別するからで、ワードとエクセル、PDF 文書といったように、拡張子が違うファイルには通し番号をつけてくれません。しかし、複数のファイルに 1 つずつ名前をつける作業が不要になり、共通のファイル名でひとまとまりのファイルだとわかるようになるので、ファイル管理の手間が一気に解消されます。

同じファイル名 + 通し番号になる

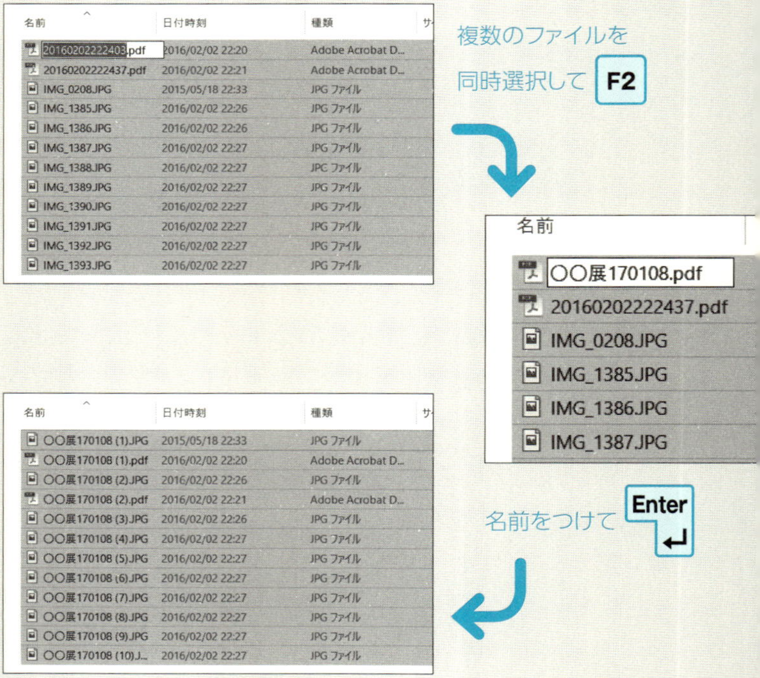
複数のファイルを
同時選択して
F2
名前をつけて
Enter

同じファイル名 + 通し番号になる

054 マウス

マスターしたら check!

「最近開いた文書」を最速で開く「ずるいワザ」

フォルダーに収納したファイルを開く場合、いちいちフォルダーを開いてファイルをダブルクリックするのは面倒です。しかし、「最近開いたファイル」「よく開くファイル」なら、手っ取り早く、すぐにファイルを開ける方法があります。

それが、タスクバーのアプリのアイコンの右クリック。

これを行うと、最近開いたファイル、登録しておいたよく使うファイルが一覧で表示されます。これをクリックして選ぶだけです。

よく使うファイルの登録の仕方は、ファイルをマウスでタスクバーにドラッグするだけ。どのアプリで開くファイルなのかはパソコンが判断してくれるので、アプリの小さなアイコンの上にドラッグするなどの、細かい操作は不要です。

ココがずるい!
フォルダーをいちいち開いてファイルを表示する手間が不要

ファイルは「アプリのアイコンを右クリック」で開く

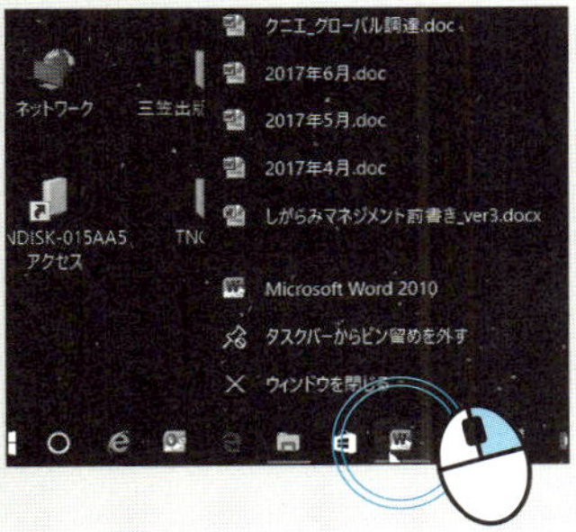

クニエ_グローバル調達.doc
2017年6月.doc
2017年5月.doc
2017年4月.doc
しがらみマネジメント前書き_ver3.docx
Microsoft Word 2010
タスクバーからピン留めを外す
ウィンドウを閉じる
ネットワーク
アクセス

アイコンを右クリック
→ ファイルを選択

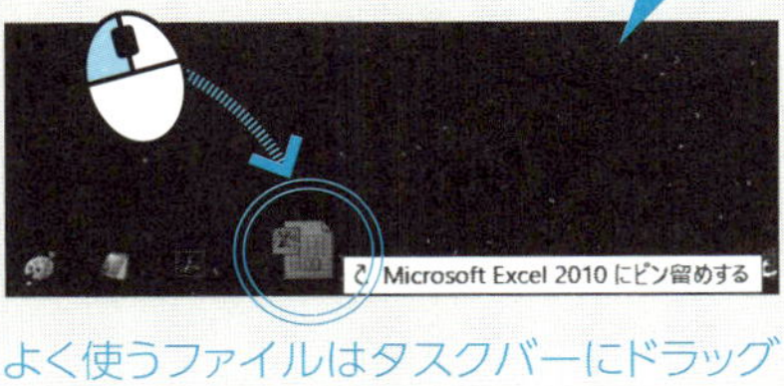

Microsoft Excel 2010 にピン留めする

よく使うファイルはタスクバーにドラッグ

055

マウス

マスターしたcheck!

ファイル管理の効率が上がる「移動&コピー」術

ファイルをフォルダーに移動して整理する、という作業はみなさん日常的に行っていることでしょう。この場合、みなさんはどのような方法で行っているでしょうか。

一番多いのは、ファイルをフォルダーにドラッグするやり方。手軽で簡単ですが、ドラッグする距離が長いと途中でクリックする指が離れてしまうせいか、ドラッグする途中にある関係のないフォルダーに移動してしまい、どこにいったかわからなくなることも少なくありません。

また、ファイルを別の場所にコピーする場合。USB メモリーなど別のドライブにコピーする場合は、ドラッグ&ドロップでできますが、同じドライブ内ならただのファイルの移動です。こんな場合は、「Ctrl」キーを押しながらドラッグ&ドロップすると、同じドライブ内でもファイルの複製ができます。

いよいよ本題。ドラッグする距離が長い場合はどうすれば、もっと速く確実にファイルの移動やコピーができるのか。

それが、コピペです。

コピーの「Ctrl」キー+「C」、貼り付けの「Ctrl」キー+「V」、切り取りの「Ctrl」キー+「X」は、ファイルやフォルダーにも使えます。メールにファイルを添付する場合でも、作成中のメールに貼り付けを行えば添付できる——これらのことは、意

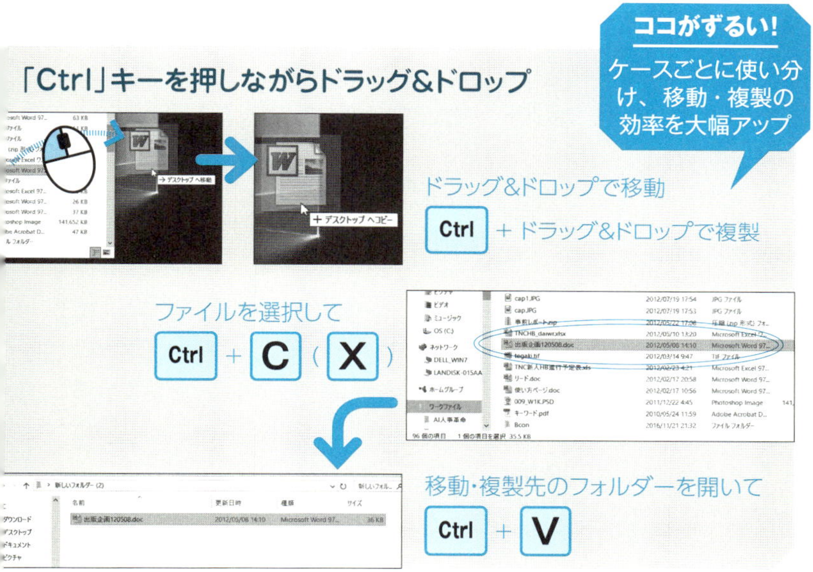
ココがずるい!
ケースごとに使い分け、移動・複製の効率を大幅アップ
「Ctrl」キーを押しながらドラッグ&ドロップ
→ デスクトップへ移動
+ デスクトップへコピー
ドラッグ&ドロップで移動
Ctrl + ドラッグ&ドロップで複製
ファイルを選択して
Ctrl + C (X)
移動・複製先のフォルダーを開いて
Ctrl + V

外に盲点なのか知らない人、あるいはその場で思いつかず使っていない人が意外に多いようです。

まず、ファイルを複製する場合なら、ファイルを選択してコピー、そして複製したい先のフォルダーを開いて貼り付け。

次に、ファイルを移動する場合なら、ファイルを選択して切り取り、そして移動したい先のフォルダーを開いて貼り付け。

私自身は、ふだんデスクトップで作業しているときは、このワザは使いません。しかし、トラックパッドのタッチがクリックと間違われてしまうノートパソコンとなると話は別です。簡単にすませられるはずのファイルの移動・複製が、イライラするほどミスが多い——そこで、このコピペワザで行っていますが、コピー（切り取り）、貼り付けという作業が明確に分かれているため、ミスは激減。結果的に一番の早道でした。

056 1キー

マスターしたらcheck!

ファイルを削除するのは「Delete」キーが速い

マウスのドラッグは、動かす距離が短いときは手軽で便利です。フォルダーのファイルをデスクトップ上に移動したければ、ドラッグ&ドロップですんでしまいます。また、フォルダーのファイルを再利用して文書を作成する場合、私は上書きして元の文書を消してしまわないよう、デスクトップ上にコピーします。こんなときは、「Ctrl」キーを押しながら、ドラッグ&ドロップすれば、ファイルの複製は完了です。

しかし、ドラッグする距離が伸びると、この操作はたちまち難しくなります。ドラッグ中に、クリックする指がゆるんでしまうせいか、動かした途中にあったフォルダーにファイルが移動して、どこにいったかわからなくなった、ということがしばしば起こるからです。

同様のことが、ファイルやフォルダーを削除する（ごみ箱に移す）操作についても言えます。簡単な操作のはずなのに、ドラッグする距離が長いと、ミスが起こりやすいのが「削除」。そこで、速くて確実、しかも楽な方法でファイルやフォルダーを削除すると仕事がはかどる、ということになります。

その方法は、「Delete」キー。念のため確認する画面が表示されますが、「Enter」キーを押せば削除完了。もちろん、複数のファイル、フォルダーを同時選択してもかまいません。

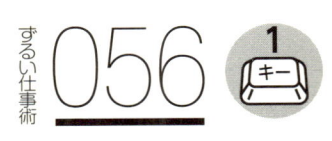

「Delete」キー ＝（ファイルやフォルダーを）削除する

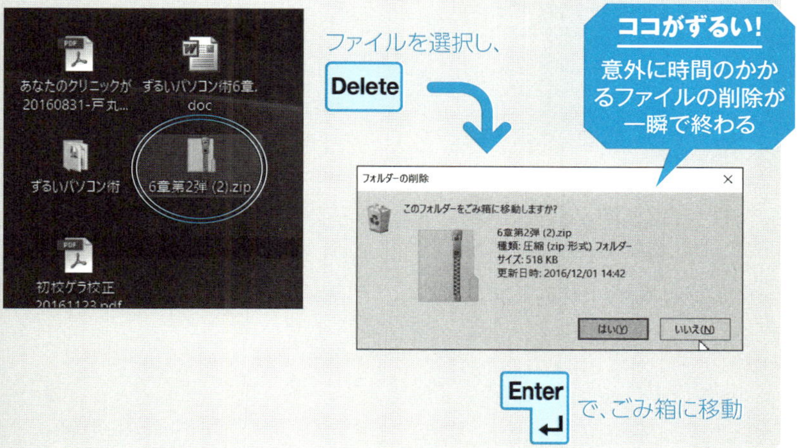
あなたのクリニックが 20160831-戸丸...
ずるいパソコン術6章.doc
ずるいパソコン術
6章第2弾 (2).zip
初校ゲラ校正
ファイルを選択し、
Delete
ココがずるい!
意外に時間のかかるファイルの削除が一瞬で終わる
フォルダーの削除
このフォルダーをごみ箱に移動しますか?
6章第2弾 (2).zip
種類: 圧縮 (zip 形式) フォルダー
サイズ: 518 KB
更新日時: 2016/12/01 14:42
はい(Y)
いいえ(N)
Enter
で、ごみ箱に移動

さらに、ファイルやフォルダーをごみ箱に移すだけでなく、完全に削除する方法もあります。

ファイルやフォルダーの削除は、誤って必要なものを削除する場合に備え、ごみ箱の中でいったん保存され、ごみ箱から出せば再び使えます。完全に削除するには、「ごみ箱を空にする」を行います。ただ、いちいちこんな操作をするのは二度手間ですし、ふだんは「ごみ箱を空にする」などやらないので、気が付けば、ごみ箱がファイルやフォルダーでいっぱいになってしまいます。これはすぐ破棄したい極秘情報など、セキュリティ上も問題です。ファイルやフォルダーをすぐに完全に削除したいときは、「Shift」キーを押しながら「Delete」キー。一応、「本当にいいの？」と、確認の画面が表示されるので、誤って大切なファイルを完全に消してしまうこともないでしょう。

057 マウス

マスターしたcheck!

複数のファイルを同時選択すれば効率が上がる

複数のファイルを移動・複製するとき、まさか１つずつドラッグ＆ドロップしている人はいませんよね。複数のファイルを同時選択すれば、１回の操作でまとめて移動・複製できます。

では、ファイルの同時選択は、どのようにしていますか。

フォルダーの中で、同時選択したいファイルがズラリと並んでいる場合は、おそらく問題ないはず。「Shift」キーを押しながら「↓」キーを押すと下方向に、「↑」キーを押すと上方向に、ファイルの同時選択ができます。

要は、基本的な要領は文章の範囲指定と同じ。

フォルダー内の全てのファイルというなら、「Ctrl」キー＋「A」でいいし、「選択中のファイル以下、全て」というなら「Shift」キーを押しながら「End」キーで一番下までジャンプすれば、その間のファイルが全て選択できます。最初のファイルをクリックして選択し、最後のファイルを「Shift」キーを押しながらクリックする、という方法も使えます。

問題となるのは、同時選択したいファイルが飛び飛びにある場合でしょう。しかし、この場合も大丈夫。「Ctrl」キーを押しながらクリックすれば、飛び飛びのファイルでも同時選択することができるからです。こうやって、ファイルの同時選択をすれば、移動・複製のほか、名前の変更、削除など、さまざま

同時選択は、「Shift」キーと「Ctrl」キーが役に立つ

名前
更新日時
種類
サイズ
J M.doc 2014/03/22 19:35 Microsoft Word 97... 71 KB
M.I.Tホールディングス差し替え原稿.doc 2014/03/09 17:26 Microsoft Word 97... 69 KB
MIT.doc 2014/03/09 18:05 Microsoft Word 97... 69 KB
SK通信.doc 2014/03/20 20:02 Microsoft Word 97... 70 KB
キャレオ.doc 2014/03/12 18:51 Microsoft Word 97... 70 KB
セイブ.doc 2014/03/21 20:27 Microsoft Word 97... 70 KB
マーシユ.doc 2014/04/06 9:29 Microsoft Word 97... 71 KB
モルトベーネ.doc 2014/04/06 20:10 Microsoft Word 97... 71 KB
丸市倉庫.doc 2014/04/06 11:33 Microsoft Word 97... 70 KB
国際自動車.doc 2014/03/12 22:07 Microsoft Word 97... 70 KB
三洋ビル管理.doc 2014/03/28 17:53 Microsoft Word 97... 71 KB
Shift

「Shift」キー ＋「↓」「↑」キーでズラリと同時選択

ココがずるい!

思い通りに同時選択できる。移動・複製などを一気に行える

名前
更新日時
種類
サイズ
J M.doc 2014/03/22 19:35 Microsoft Word 97... 71 KB
M.I.Tホールディングス差し替え原稿.doc 2014/03/09 17:26 Microsoft Word 97... 69 KB
MIT.doc 2014/03/09 18:05 Microsoft Word 97... 69 KB
SK通信.doc 2014/03/20 20:02 Microsoft Word 97... 70 KB
キャレオ.doc 2014/03/12 18:51 Microsoft Word 97... 70 KB
セイブ.doc 2014/03/21 20:27 Microsoft Word 97... 70 KB
マーシユ.doc 2014/04/06 9:29 Microsoft Word 97... 71 KB
モルトベーネ.doc 2014/04/06 20:10 Microsoft Word 97... 71 KB
丸市倉庫.doc Microsoft Word 97... 70 KB
国際自動車.doc Microsoft Word 97... 70 KB
三洋ビル管理.doc Microsoft Word 97... 71 KB
Ctrl
+

「Ctrl」キーで飛び飛びのファイルを同時選択

な操作が一気に効率化します。

特に「Ctrl」キーのワザは、デスクトップ上のファイルを同時選択するのに有効。というのも、デスクトップ上のファイル、フォルダーは、縦方向、左から右へと増えていくくせに、何かファイルを選択して、「Shift」キー＋「↓」キーで同時選択しようとすると、横方向のファイルまで同時選択してしまうからです。結局のところ、マウスの力を借りなくてはなりませんが、「Ctrl」キーを押しながらファイルをクリックしていけば、自由自在に同時選択ができる、というわけです。

058

マスターしたcheck!

キー入力でフォルダー内のファイルがすぐ見つかる

ファイルやフォルダーは、名前の付け方に一定のルールを決めておくと、一気に管理しやすくなります。以前作成した文書を見たいとき、どんなファイル名にしたか、忘れてしまうことがなくなるからです。

ただ、メールで受け取った「他人が作ったファイル」も相当数ありますから、**全てのファイルに統一ルールを適用するのは現実的ではありません**。そもそも、保存してあるファイルのうち、後で改めて見るものはごく少数のはず。そのために、他人が作成したファイルにまで、長いファイル名をいちいちつけていくのは、「労多くして益少なし」だからです。

そんなわけで、私が管理しやすいようにルールを定めているのは過去の仕事を整理した「ワークファイル」内のフォルダーだけです。そのルールは、**顧客名を「2～3文字のコードにしたもの＋西暦」**。宝島社の2016年のファイルなら、「TJ2016」といった感じです。ただし、コードではぱっと見てわからなくなる場合もあります。そんなときは、「_宝島」などと注釈を加えるようにしています。ここで大切なのは、**フォルダー名の最初を半角英数にすること**だけだからです。

そうすると、どんなよいことがあるか――「ワークファイル」フォルダーを開いて、例えば**「TNC」という顧客のファイル**

フォルダー名は半角英数で統一するとファイル検索がはかどる

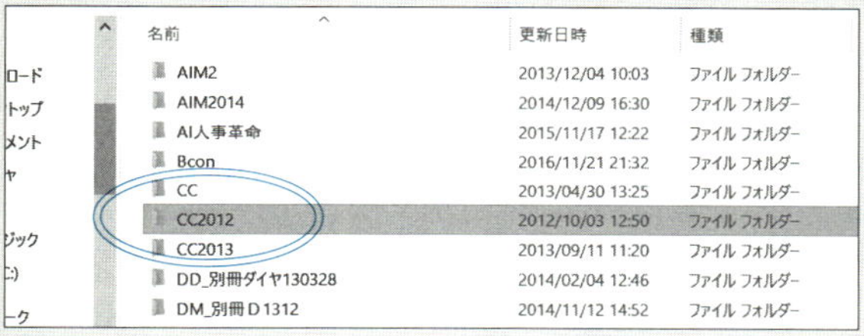

名前
更新日時
種類
AIM2 2013/12/04 10:03 ファイル フォルダー
AIM2014 2014/12/09 16:30 ファイル フォルダー
AI人事革命 2015/11/17 12:22 ファイル フォルダー
Bcon 2016/11/21 21:32 ファイル フォルダー
CC 2013/04/30 13:25 ファイル フォルダー
CC2012 2012/10/03 12:50 ファイル フォルダー
CC2013 2013/09/11 11:20 ファイル フォルダー
DD_別冊ダイヤ130328 2014/02/04 12:46 ファイル フォルダー
DM_別冊D1312 2014/11/12 14:52 ファイル フォルダー

ココがずるい!
ファイルが大量にあっても、キー一発でスクロールの手間なし

ファイル名は基本的にいじらない。フォルダーだけ「顧客コード＋西暦」

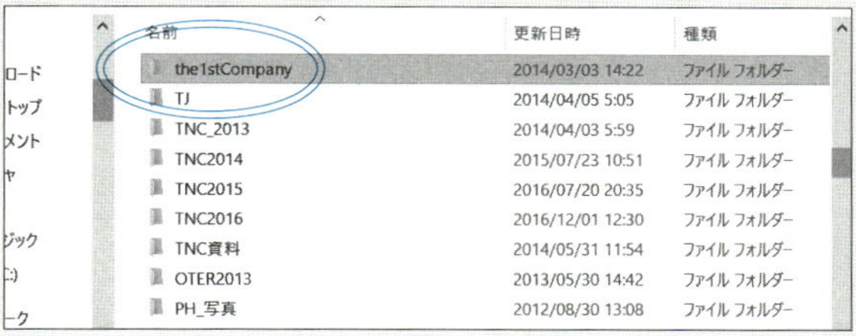

名前
更新日時
種類
the1stCompany 2014/03/03 14:22 ファイル フォルダー
TJ 2014/04/05 5:05 ファイル フォルダー
TNC_2013 2014/04/03 5:59 ファイル フォルダー
TNC2014 2015/07/23 10:51 ファイル フォルダー
TNC2015 2016/07/20 20:35 ファイル フォルダー
TNC2016 2016/12/01 12:30 ファイル フォルダー
TNC資料 2014/05/31 11:54 ファイル フォルダー
OTER2013 2013/05/30 14:42 ファイル フォルダー
PH_写真 2012/08/30 13:08 ファイル フォルダー

T ＝Tで始まるフォルダー、ファイルにジャンプ

を見たければ、「T」のキーを押します。すると、「T」から始まるファイル、フォルダーにジャンプするのです。ジャンプした先がお目当てのフォルダーでなければもう一度「T」。次のTで始まるファイル、フォルダーにジャンプします。

私の場合、「ワークファイル」フォルダーに過去数年分の仕事が収められているので、そのファイル、フォルダー数は膨大です。スクロールするだけでも大変です。年次別のフォルダーにしなかったのは、「2013～2016」年のファイルを見たいというケースもあるから。年に関係なく一緒にしておいたほうが、名前順でズラリと並ぶので、かえって都合がよいのです。

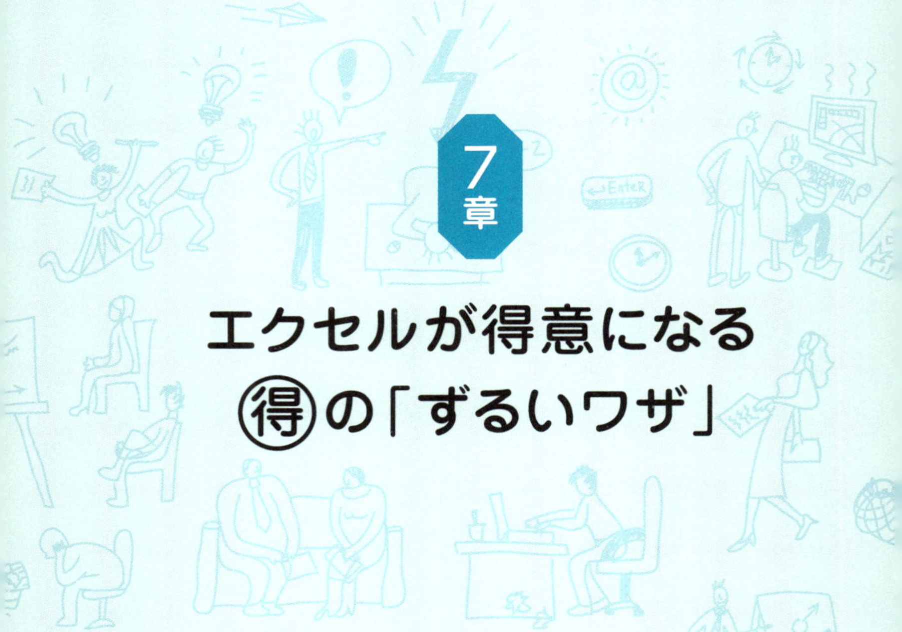
Letter

7章

エクセルが得意になる ㊢の「ずるいワザ」

ビジネスアプリの代表格といえば、やはりエクセルです。
マクロや関数、ピボットテーブルなどを駆使した高度な使い方が必要な仕事の人もいないではありませんが、大多数の人にとっては、エクセルは基本的な操作ができれば十分。コツさえつかめば、それなりに使いこなすことができます。
ただ、エクセルの作業の効率という点では話は別。
同じ数表を作成させても、要する時間には大きな差がついてしまいます。といっても、面倒で時間がかかるエクセル作業でも、本章で紹介するような「ちょっとしたワザ」を使えば、周囲が驚くほど速くこなすことが可能になります。
逆に言えば、周りと差をつける一番の早道がエクセル。「ちょっとしたワザ」を覚えるだけで、何も知らない周りの人が、「いったいどうしちゃったんだ！」と驚くエクセルの達人になれるということです。

設定のみ
一度設定すれば、その後はそのまま使えるワザ

1
キー
ショートカットキーの中でもキー1つで使えるワザ

ショート
カット
「Ctrl」キー＋などショートカットキーを使ったワザ

マウス
キーとの組み合わせなど、マウスがパワーアップするワザ

仕事が効率化する考え方やアイデア仕事術

059

マスターしたら check!

「オートフィル」がもっと便利になる「ずるいワザ」

エクセルに、「オートフィル」という機能があることは、多くの人がご存じでしょう。セルの右下をマウスでクリックしたまま引っ張ると、同一データや連続データを入力できる、というものです。

ただ、ほとんどの人は、オートフィルの実力を十分に生かしきれていません。ここでは、3つのポイントに絞って、オートフィルの活用術を学んでいくことにします。

1つ目は、もともとのデータの入力です。これはオートフィル以前の豆知識ですが、例えば「4月1日」と入力したいとき、そのまま入力を行っていませんか。つまり、漢字変換がある分、入力に時間がかかってしまうということ。こんなときは、「4/1」と入力してみましょう。「Enter」キーで確定すれば、自動的に「4月1日」という表示に変えてくれます。

2つ目は、連続データの入力。例えば、1と入力してオートフィルを行うと、セルは、1、1、1……と、同じ数字になります。これを一番下のセル右下に表れる**「オートフィルオプション」をクリックし、「連続データ」を選ぶのはかなりの手間**です。こんなときは、1、2と**連続データを2つ入力してから、オートフィル**を行いましょう。すると、元が連続数字ですから、エクセルも連続数字のオートフィルをやりたいのだな、と察して

ココがずるい!

「オートフィルオプション」をクリックする手間が不要になる

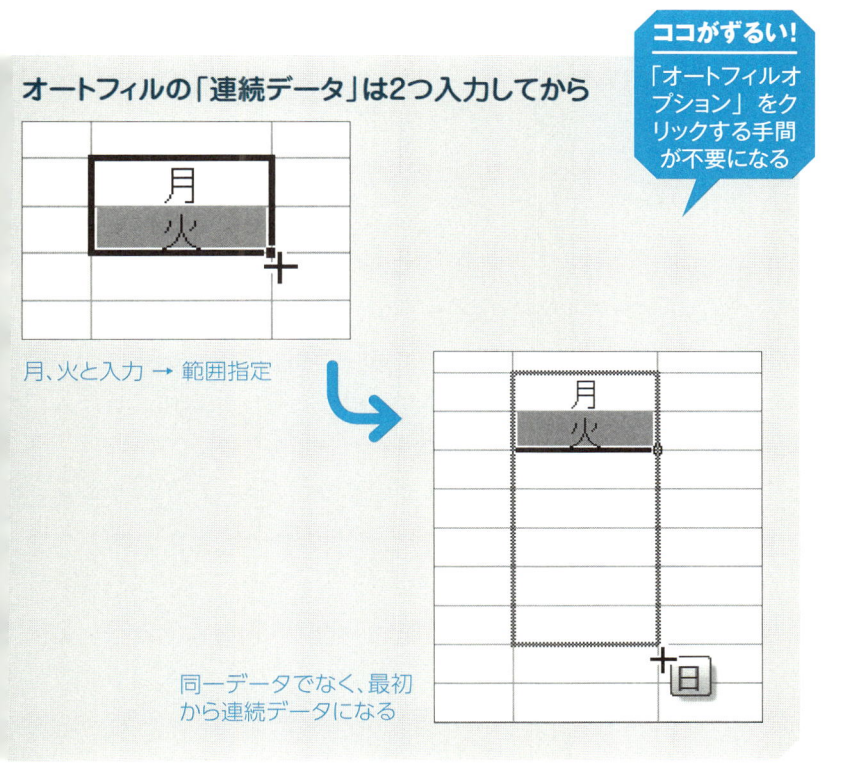

オートフィルの「連続データ」は2つ入力してから

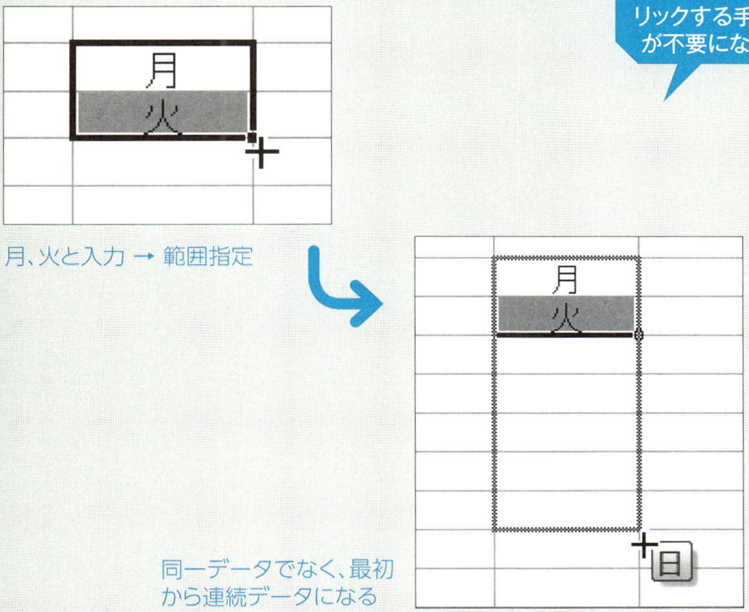
月
火
月、火と入力 → 範囲指定
月
火
日
同一データでなく、最初から連続データになる

くれます。「オートフィルオプション」をクリックしないでも、連続データの入力ができてしまうのです。ちなみに、1、3と入力してオートフィルを行うと、入力される連続データは、1、3、5、7……となることも知っておいて損はないでしょう。

3つ目は、**連続データは素の数字に限らない**ということ。「営業1課」「営業2課」とやってオートフィルを行うと、「営業1課」「営業2課」「営業3課」……という連続データの入力ができるし、月、火と入力すると、月、火、水……という曜日の連続データの入力もできるのです。

060 ショートカット

マスターしたら check!

「書式設定」は まとめてやるのが結局速い

エクセルでは、行、列、セル単位で書式を設定することができます。表示形式、データの配置（中央揃え、上揃え、セルの結合など）、文字の色、大きさ、書体、セルの背景色、罫線などです。

これらは、リボンのツールボタンをクリックして変更することが可能ですが、いちいち1つずつ変更するのは面倒だと感じたことがあるはずです。繰り返しになりますが、マウスは細かい操作が苦手。なるべくマウスを使う作業量を減らすに越したことはないのです。

そんなわけで、書式をいくつか変更する場合、行、列、セルを範囲指定した後、右クリックして「行（列、セル）の書式設定」を選んでいる人も多いでしょう。そう、ツールボタンを使わなくても、書式設定のメニューがタブごとに分けられた「書式設定」画面がエクセルには用意されているのです。いちいちマウスのポインターを、ウィンドウ上部のリボンまで動かすのは面倒。右クリックは必要になるが、後のことを考えれば、書式設定画面を呼び出して、まとめてやったほうがいい、というわけです。

しかし、実はこの右クリックすら不要になるすごいワザがあります。それが、「Ctrl」キー＋「1」。「1」はテンキーの「1」

ココがずるい！
数ある書式の変更が、まとめてできてしまう

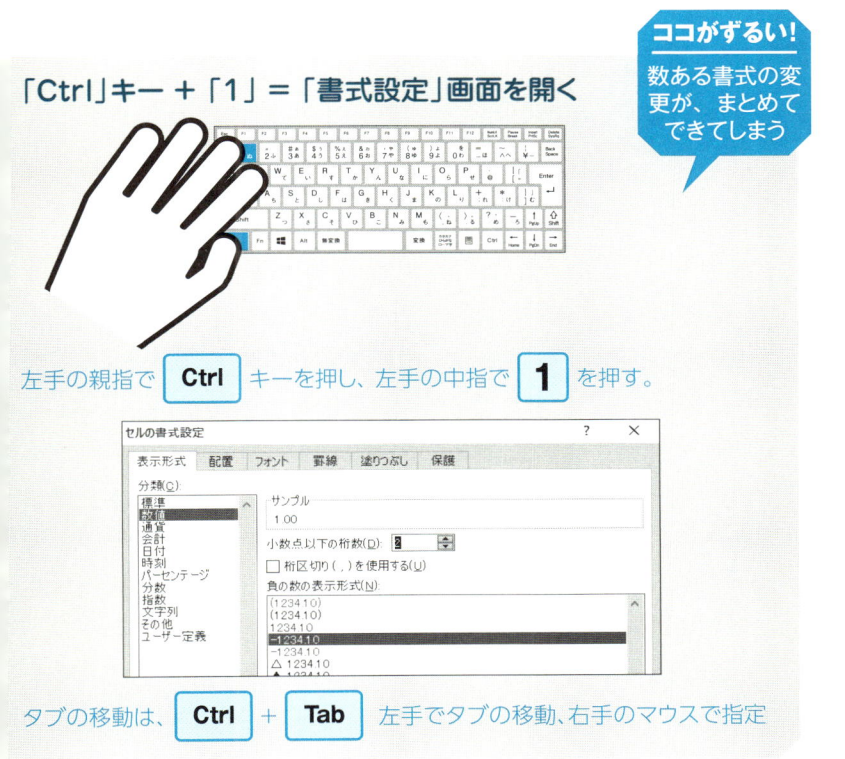

「Ctrl」キー＋「1」＝「書式設定」画面を開く

左手の親指で **Ctrl** キーを押し、左手の中指で **1** を押す。

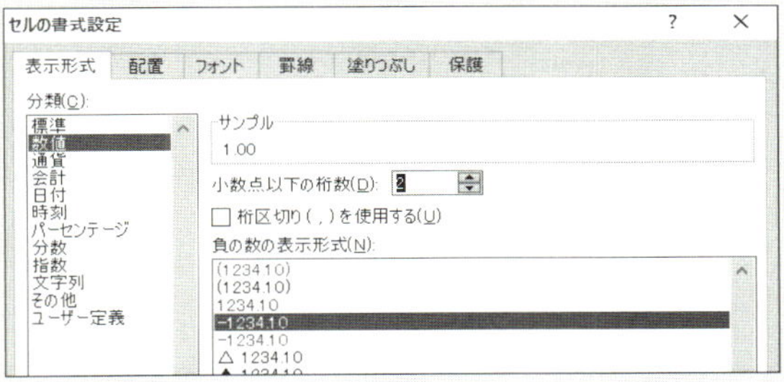

セルの書式設定
表示形式
配置
フォント
罫線
塗りつぶし
保護
分類(C):
標準
数値
通貨
会計
日付
時刻
パーセンテージ
分数
指数
文字列
その他
ユーザー定義
サンプル
1.00
小数点以下の桁数(D):
2
桁区切り(,)を使用する(U)
負の数の表示形式(N):
(1234.10)
(1234.10)
1234.10
-1234.10
-1234.10
△ 1234.10

タブの移動は、**Ctrl** ＋ **Tab** 左手でタブの移動、右手のマウスで指定

は不可ですので、注意してください。たったこれだけで、書式設定画面を表示できます。各設定にはマウスが必要になりますが、書式設定画面という狭い部分の中でのマウス操作なので、作業自体はこちらのほうがはかどるはずです。

　しかし、このワザの威力はそれだけではありません。

　実は、A1、B3、C6……といういくつかのセルに同じ操作を繰り返す、といった場合に、この方法で書式変更すると、ぐっと効率がよくなるのです。どういう話か知りたい人は、次のページに進んでください。

061

1キー

マスターしたら check!

同じ操作を繰り返し行うときに役立つ「ずるいワザ」

エクセルでは、同じ操作を別のセルに対して繰り返し行うことがよくあります。例えば、受注一覧表の中で、納品ずみのデータのセルに背景色をつけていく、という場合です。

こんなとき、いちいちマウスのポインターを大きく移動させて、リボンのツールボタンをクリックするのは面倒です。同じ操作を繰り返し行うのであれば、「F4」キー——このキーを押せば、直前に行ったのと同じ操作を繰り返すことができます。

これだけでも、仕事の効率はずいぶん違ってくるはずですが、書式設定画面との相性が非常にいいのです。

例えば、セルの文字を①太字に変えて目立たせ、②中央揃えにする、という操作をリボンのツールボタンで行ったとします。ここで、同じようにしたい別のセルを選んで「F4」キーを押すと、直前にやった②の中央揃えにしかなりません。複数の操作をやった場合、それぞれ別の操作とみなされてしまうのです。

しかし、書式設定画面を開いて操作した場合は違います。

先ほどと同じ操作、セルの文字を①太字に変えて目立たせ、②中央揃えにする、という作業を書式設定画面で行い、最後に「Enter」キーで「OK」ボタンを押し、書式設定画面を閉じます。そして、別のセルを選んで「F4」キーを押すと、①太字に変えて目立たせ、②中央揃えにする、という２つの操作を繰り

「F4」キー ＝ 直前の操作を繰り返す

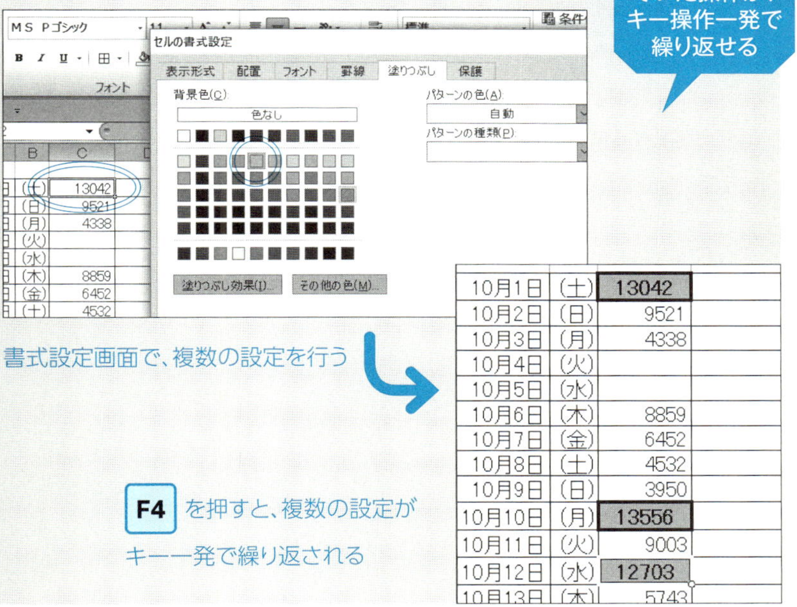
ココがずるい!
マウスで行っていた操作が、キー一発で繰り返せる
セルの書式設定
表示形式
配置
フォント
罫線
塗りつぶし
保護
背景色(C):
色なし
パターンの色(A):
自動
パターンの種類(P):
塗りつぶし効果(I)...
その他の色(M)...
書式設定画面で、複数の設定を行う
F4 を押すと、複数の設定がキー一発で繰り返される
10月1日 (土) 13042
10月2日 (日) 9521
10月3日 (月) 4338
10月4日 (火)
10月5日 (水)
10月6日 (木) 8859
10月7日 (金) 6452
10月8日 (土) 4532
10月9日 (日) 3950
10月10日 (月) 13556
10月11日 (火) 9003
10月12日 (水) 12703

返してくれるのです。

これは、③背景色をつけ、④罫線をつける、といったように、操作がいくつあっても変わりません。つまり、エクセルは、**書式設定画面で行った一連の操作を１つの操作とみなしてくれる**、ということです。

このことを知っておけば、エクセルデータの編集作業が一気にはかどるようになります。特徴のあるデータ箇所を目立たせて相手にわかるようにすることは、説得力のある文書作成に欠かせません。今まで面倒で、つい省略していた編集作業が身近になり、仕事の成果でも差がつくでしょう。

062 マウス

並べ替え・複製は「Ctrl」「Shift」キー+マウスで

　エクセルで表を作成しているとき、入力したデータの順番を入れ替えたいことがよくあります。例えば、ToDo リストを作成していて、後で思い出した優先順位の高い ToDo を、リストの上に移動したい、といった場合です。

　こんなとき、みなさんはどうやっているでしょうか。

　入力したい場所に行（列）またはセルを挿入し、そこにデータを切り取り＆貼り付け。後に残った空白の行、セルを削除といった、非常に面倒なことをしていませんか。

　マウスのポインターを選択した行や、セルの外周部分に動かすと、ポインターが「✥」に変わり、この状態でドラッグして、行、セルを移動するというやり方もありますが、これだと移動先にあったデータが上書きされ、消えてしまいます。

　そこでお勧めしたいワザが「Shift」キー。

「Shift」キーを押しながらこの操作を行うと、**行、セルの移動ができるのです。移動先のデータに上書きされることもなく、元あった場所に空白の行、セルが残ることもありません。**

　もう１つ覚えておきたいワザが、「Ctrl」キー。これを押しながら行、セルをドラッグすると、ドラッグ先に元のデータが複製されます。コピペが、視覚的な操作１回でできてしまう、というわけです。

ココがずるい！
表のデータの移動、複製が思いのままに効率よくできる

「Shift」キー、「Ctrl」キーを押しながらドラッグ

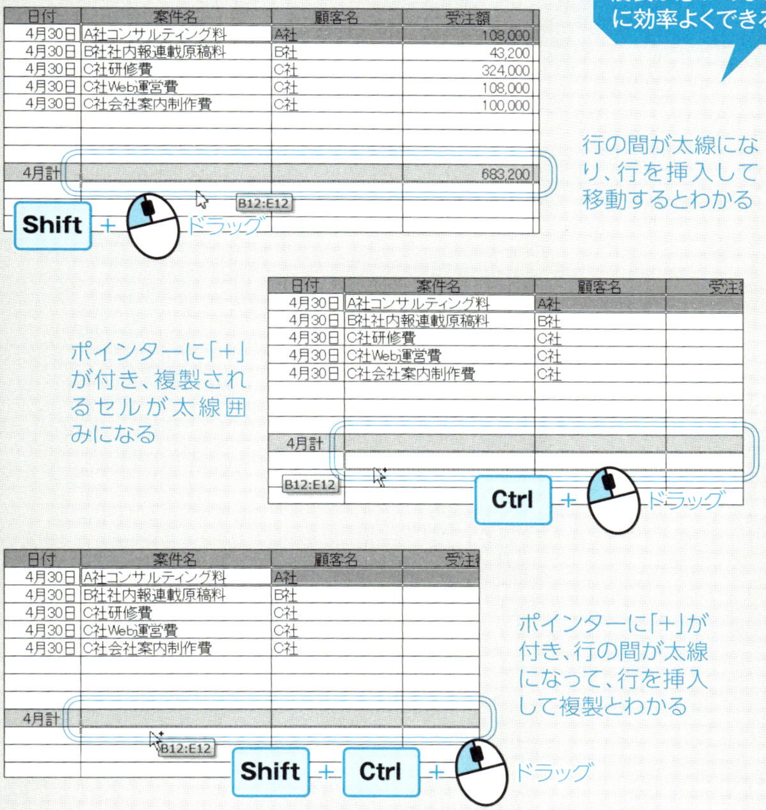
日付
案件名
顧客名
受注額
4月30日
A社コンサルティング料
A社
108,000
B社社内報連載原稿料
B社
43,200
C社研修費
C社
324,000
C社Web運営費
108,000
C社会社案内制作費
100,000
4月計
683,200
B12:E12
Shift
ドラッグ
行の間が太線になり、行を挿入して移動するとわかる
ポインターに「+」が付き、複製されるセルが太線囲みになる
Ctrl
ポインターに「+」が付き、行の間が太線になって、行を挿入して複製とわかる

　これら２つのワザは、**組み合わせて使うことも可能**。つまり、「Ctrl」キーと「Shift」キーを両方とも押しながら、データをドラッグすると、元の行、セルのデータはそのまま。ドラッグ先に空白の行、セルが自動的に挿入され、そこにドラッグしたデータが複製されます。

063 ショートカット

「挿入」「削除」はショートカットキーですませる

「Shift」キー、「Ctrl」キーを使った、062の移動・複製ワザは、実際にやってみると簡単なのですが、説明を見ただけでは少々、難しく感じられたかもしれません。しかし、今回紹介する「挿入」「削除」ワザは、じつに簡単。今日からでもすぐ使いこなせて、仕事の効率アップに直結すること間違いなしです。

挿入・削除というと、右クリックが一般的なやり方です。しかし、細かい操作が苦手なマウスだけに、素早くできずイライラした経験のある人は多いでしょう。

その点、ショートカットキーを使えば、キーボードから手を離す必要もなく、思い立ったときに素早く挿入・削除を行うことができます。

そのショートカットキーとは、**挿入が、「Ctrl」キー＋「＋」、削除が「Ctrl」キー＋「－」**。

文字通り、挿入が「＋」で、削除が「－」ですから、すぐ覚えられるのがこのワザのいいところ。しかも、書式設定の「Ctrl」キー＋「1」と違い、テンキーの「＋」「－」を押してもかまいません。**テンキーでない「＋」（「；」）は、「Shift」キーを押さなければなりませんが、テンキーなら指1本**で簡単に押すことができます。

まず、挿入・削除したい行、列、セルを範囲指定し、挿入な

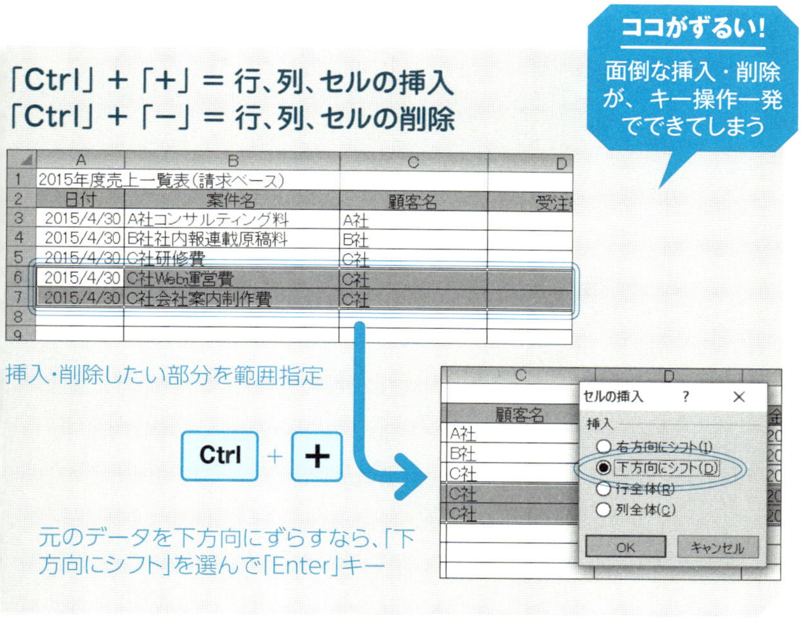
ココがずるい!
面倒な挿入・削除が、キー操作一発でできてしまう
「Ctrl」+「+」= 行、列、セルの挿入
「Ctrl」+「−」= 行、列、セルの削除
2015年度売上一覧表(請求ベース)
日付
案件名
顧客名
受注
2015/4/30
A社コンサルティング料
A社
B社社内報連載原稿料
B社
C社研修費
C社
C社Web運営費
C社会社案内制作費
挿入・削除したい部分を範囲指定
Ctrl
+
セルの挿入
挿入
右方向にシフト(I)
下方向にシフト(D)
行全体(R)
列全体(C)
OK
キャンセル
元のデータを下方向にずらすなら、「下方向にシフト」を選んで「Enter」キー

ら「Ctrl」キー+「+」、削除なら「Ctrl」キー+「−」——たったこれだけです。

セルを範囲指定した場合、「右方向にシフト」「下方向にシフト」などのメニューが画面に表れますが、これを「↓」キーで選んで指定して、「Enter」キーを押します。行、列の挿入・削除なら、こうした画面が表れることもなく、一瞬で挿入・削除ができてしまいます。

セル指定のときに表れる画面のメニューには「行全体を挿入(削除)」「列全体を挿入(削除)」もあります。これらを選べば、そのセルを含んだ行、列の挿入・削除もできるということ。行、列を範囲指定するのが面倒な場合は、この方法ですませたほうが効率がいいかもしれません。

数式の入力が劇的に速くなる「ずるいワザ」

エクセルで関数や数式を入力する場合、ちょっとしたルールがあります。そのルールとは、入力する先頭に「＝」をつけるということ。「＝ 3+4」と入力すると、セルには計算結果である「7」と表示されます。しかし、単に「3+4」と入力すると、セルにはそのまま「3+4」と表示されます。

「＝」は、テンキーにはなく、「Shift」キーを使わなくてはなりません。「＝」を入力するためだけに、ずいぶん効率を落としているのではないですか。

しかし、「＝」をつけずに関数や数式を入力できる「ずるいワザ」があります。しかもそれは、**式の先頭に「＋」「−」の符号をつける**だけ。先ほどの例なら、「+3+4」と入力すればセルには「7」と表示されるのです。

「＋」「−」はテンキーにもある文字。キー入力のスピードを落とさず、素早く式、関数が入力できてしまうのです。

ココがずる

「Shift」キー
不要。数字
力の延長で
入力できる

式の先頭に「＋」「−」をつける

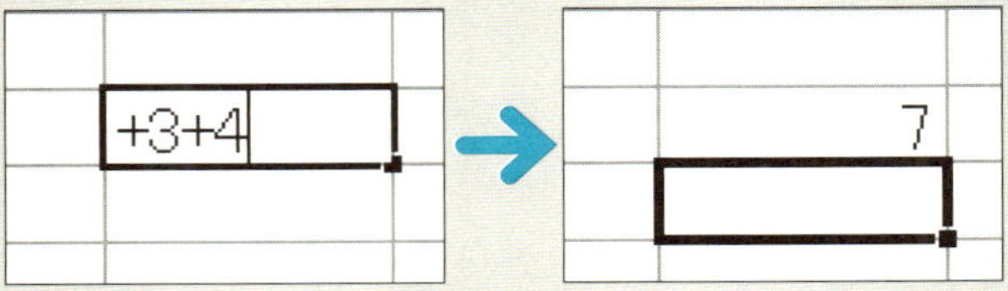
+3+4
7

065 1 キー

マスターしたら check!

セルの編集は「F2」キーとたたきこもう

セルに入力したデータに加筆・修正したいとき、セルを選択してそのまま入力を始めると、上書きして元のデータが消えてしまいますね。こういうときは、セルの編集モードにして、セル内にカーソルがある状態にしなければならない――これはみなさん、すでにご存じの通りです。

では、どうやってセルの編集モードにするのか。

多くの人は、セルをダブルクリックするか、セルを選択した後、数式バーの文字部分をクリックしているはずです。

しかし、このやり方だと、いちいちマウスに手を移さなくてはなりません。加筆・修正したいセルを方向キーで選んで、そのまま編集モードに切り替えるショートカットキー、それが「F2」キーです。「F2」キーを押すと、カーソルがデータの末尾に表示され、方向キーでカーソルを動かして、簡単にデータの加筆・修正ができてしまう、というわけです。

ココがずるい!
マウスを使わないでも、セルのデータの加筆・修正ができる

「F2」キー = セルの編集モードに切り替える

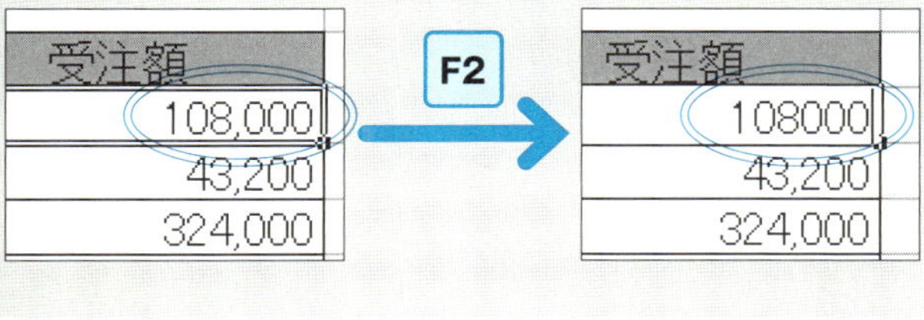
受注額
108,000
43,200
324,000
F2
受注額
108000
43,200
324,000

066

1キー

グラフが一瞬で作成できる「すごいワザ」

エクセルの魅力は、数表を作成したら、その数表をグラフ化できることです。ただ、数表を範囲指定した後、リボンの「挿入」タブ→「縦棒」「横棒」などのグラフボタンをクリックするのはやはり面倒ですね。

しかも、グラフの表示部分は小さいので、項目名などがうまく表示できないことも少なくありません。また、グラフをワードの報告書などにコピペする場合はいいとして、そのまま1枚の紙に大きくグラフを印刷する場合も面倒です。

こんなときは、グラフにしたいデータを範囲指定したら、「F11」キー。たったこれだけで、「グラフ1」という新しいワークシートいっぱいに、一瞬でグラフが作成できます。グラフの種類が違っても、リボンの「グラフの種類」ボタンで指定するだけ。サッとグラフ化したいときに役立つワザです。

「F11」キー = 一瞬で数表データをグラフ化する

顧客名	受注額
A社	108,000
B社	43,200
C社	324,000
C社	108,000
C社	100,000

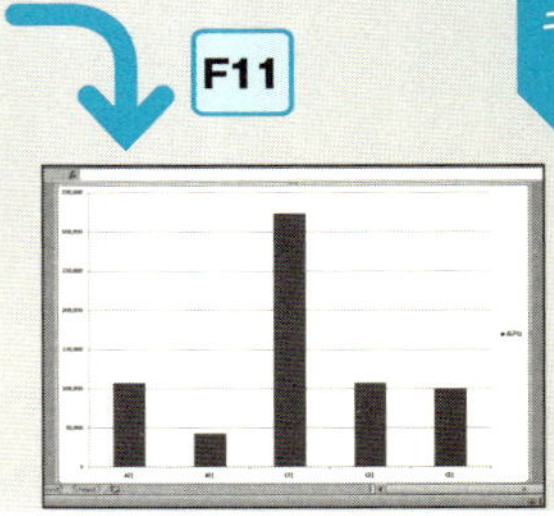
F11

ココがずるい

グラフ作成が
キー操作一発で
できてしま

マスターしたら
check!

「セル内で改行」する方法を知れば自由度が広がる

ビジネス文書の基本は、短く、簡潔に、読みやすく。ダラダラと文章を入力するのではなく、段落に区切ったほうがいいに決まっていますが、エクセルのアンケート票などに回答させると、かなりの割合で段落に区切らないで長い文章を書いてきます。あるいは、セルごとに段落を分け、数行分のセルに文章を書く人も少なくありません。

この理由は、セル内で改行するやり方を知らない、あるいは知っているが、やり方を忘れてしまったということでしょう。使っている人には当たり前でも、私の感覚値では、半分近くが知らない、使っていないのが実情です。

セル内で改行するには、「Alt」キー＋「Enter」キー。

これを使えるかどうかでエクセルの自由度がまるで違ってきます。また、ダラダラと読みにくい文章がスッキリ読みやすくなり、「伝える力」アップにもつながります。

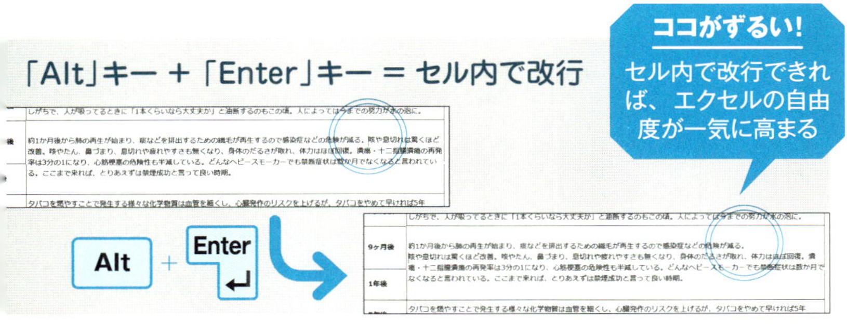
ココがずるい!
セル内で改行できれば、エクセルの自由度が一気に高まる
「Alt」キー＋「Enter」キー＝セル内で改行
Alt
+
Enter

068 マウス

セルのはみ出しを皆無にする「ずるいワザ」

エクセルで作成した表を印刷すると、画面上ではセルに収まっていた文字や数値が、隣のセルにはみ出したり、収まらない部分が切れてしまう、ということがよくあります。

この原因は、印刷用の書体と画面表示用表の書体が異なるため。「ギリギリ収まっているから、危ないな」という予感はあっても、実際はみ出すかどうかは印刷しないとわかりません。印刷してはみ出しをチェックし、修正するというのは、何とも時間と印刷費用のムダです。

こんなときは、列の右側の境界線をマウスでダブルクリック。これで、セルの幅は、セルの内容がきちんと収まるように自動調整されます。簡単で、それでいて間違いのない効率のいいワザなので、ぜひお試しください。

列の右の境界線をダブルクリックする

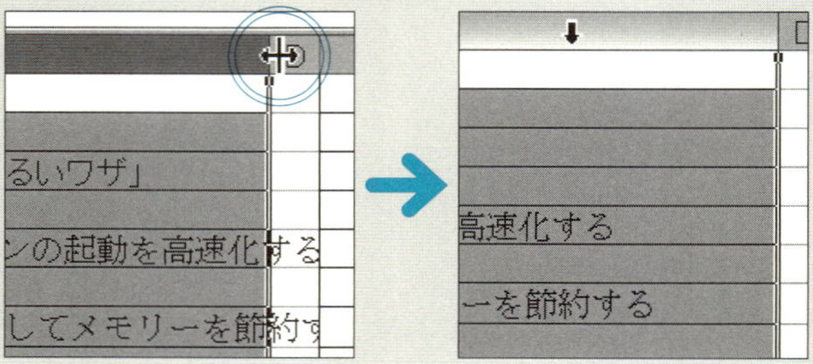
るいワザ」
ンの起動を高速化する
してメモリーを節約す
高速化する
ーを節約する

ココがずるい
セルの内容が
ちんと収まる
う、幅を自動
整してくれる

069 マウス

マスターしたら check!

セルの幅を同じに揃える「すごいワザ」

比較表や成績一覧表を作成するとき、表をきれいに仕上げるコツは、**同列の項目は表の幅を同じにする**こと。

例えば、国語、数学、英語……の得点を表にしたとき、各科目の得点欄は同じ幅のほうが美しい。**きれいに揃っていないと、どこかだらしない**感じになってしまいます。

しかし、この列の幅を揃えるのが意外に難問。マウスでセルの幅を変更すると、幅の数値が表示されるもののうまく調整できないし、幅を揃えたい列を同時選択し、右クリックして「列の幅」を選んでも、数値を入力する方式なので、たいていの人は、いくつにすればよいのか、見当がつかないからです。

こんなときは、**幅を揃えたい列を同時選択し、どこでもよいから列の境界線をマウスでドラッグ**――すると、同時選択された全ての列が、変更された同じ幅にきれいに揃い、整然としまりのある表に一変します。

ココがずるい！
項目欄の幅がきれいにそろった表が素早く作れる

列の境界線をマウスでドラッグするといい

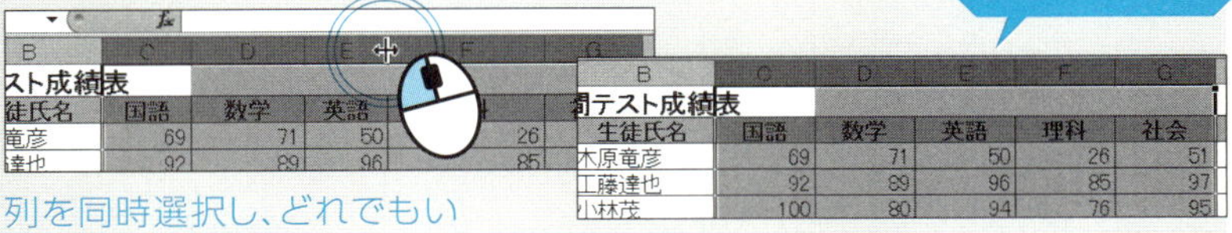
B C D E F G
スト成績表
徒氏名 国語 数学 英語
竜彦 69 71 50 26
達也 92 89 96 85
B C D E F G
期テスト成績表
生徒氏名 国語 数学 英語 理科 社会
木原竜彦 69 71 50 26 51
工藤達也 92 89 96 85 97
小林茂 100 80 94 76 95

列を同時選択し、どれでもいいから列の境界線をドラッグ

同時選択された全ての列が同じ幅に揃う

マスターしたら check!

日付の入力を効率よくすませるワザ

数字の入力はテンキーが便利です。しかし、「4月1日」のように、数字と漢字が混じった文字列を入力するときは、テンキーとキーボードのホームポジションの間で手を動かさなくてはならず、面倒です。「4月1日」という日付を入力したいときは、「4/1」とすれば、自動的に「4月1日」と書式を変更してくれることはすでに書きました。

ただ、「2017/4/1」と入力しても、「2017年4月1日」とはなりません。この場合は、書式設定画面で表示形式を変更する必要がありますが、ついでに、日付を曜日にする表示形式も覚えておきたいもの。「表示形式」の「ユーザー定義」→「aaa」。日付をコピペし、表示形式を「aaa」とすれば、正しい曜日を表示できます。カレンダーでいちいち曜日を確認する手間が省け、日程表や工程表の作成が一気に効率化します。

曜日の表示形式は「aaa」

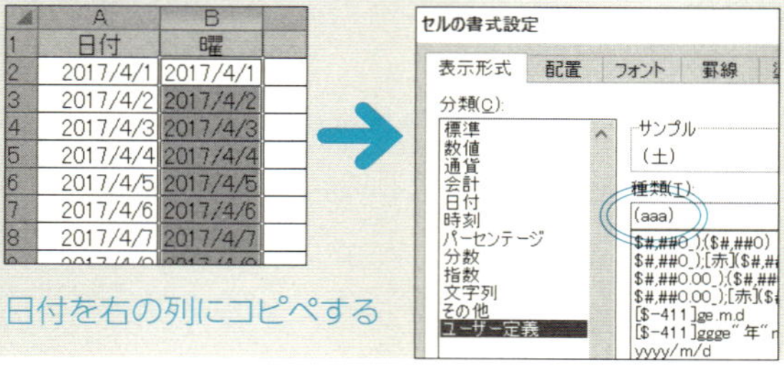
A
B
日付
曜
2017/4/1
2017/4/2
2017/4/3
2017/4/4
2017/4/5
2017/4/6
2017/4/7
セルの書式設定
表示形式
配置
フォント
罫線
分類(C):
標準
数値
通貨
会計
日付
時刻
パーセンテージ
分数
指数
文字列
その他
ユーザー定義
サンプル
(土)
種類(T):
(aaa)
[$-411]ge.m.d
yyyy/m/d

日付を右の列にコピペする

書式設定画面で「表示形式」タブ→「ユーザー定義」

ココがずるい
カレンダーを確認しなくても正確な曜日を入力できる

071 ショートカット

マスターしたら check!

行・列を一瞬で選択する方法

セル内のデータの位置を中央揃えにしたいときなど、行・列単位で選択すれば、範囲指定の手間が省けて効率的です。ただ、行や列を選択するのに、いちいちマウスを使うのはやはり面倒。こんなときは、行・列を一発で選択できるショートカットキーが便利です。「Shift」キー＋「スペース」キーで行。「Ctrl」キー＋「スペース」キーで列。

これで、選択中のセルを含む行・列を簡単に選択できます。選択したら、「Shift」キー＋方向キーで、複数の行・列を同時選択することも可能です。

注意したいのは、「Shift」キー＋「スペース」キー。日本語入力がオンだと、半角の空白の入力になってしまうこと。使うときは、日本語入力をオフにする必要があります。

ココがずるい!
キー操作一発で、行・列を選択できる

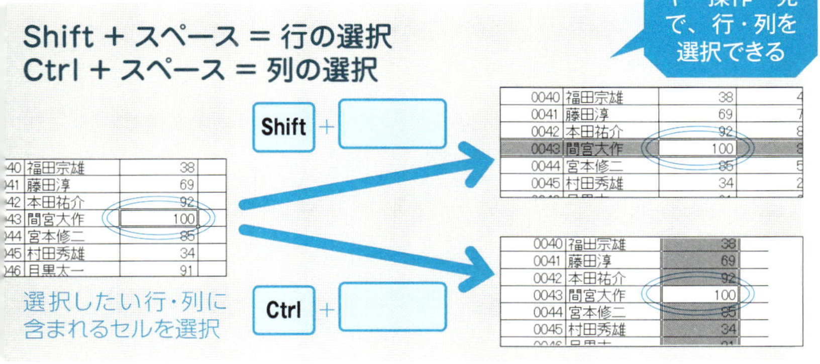
Shift + スペース = 行の選択
Ctrl + スペース = 列の選択
Shift +
Ctrl +
選択したい行・列に含まれるセルを選択

072 ショートカット

マスターしたらcheck!

SUM関数を一瞬で入力する方法

エクセルにはたくさんの関数が用意されていますが、圧倒的によく使うのは、合計を求める「SUM関数」です。そのためか、リボンには「Σ」ボタンが用意されていて、これをクリックするだけで、合計が求められるようになっています。

ただ、「Σ」ボタンは、リボンの「ホーム」タブにあって、ずっと表示されているとはいえ、あるのは右の端っこのほう。マウスのポインターを大きく移動させなくてはなりません。これはこれで、かなりの手間です。

そこでご紹介するショートカットキーが、「Alt」キー＋「Shift」キー＋「＝」。これで一瞬でSUM関数の入力を行うことができます。一見、難しそうですが、「＝」は「Shift」キーを押して入力する文字なので、実は「Alt」キーを押しながら合計を表す「＝」を押すということ。2、3回使ったら、すぐに覚えられるはずです。

「Alt」キー＋「Shift」キー＋「=」＝合計を求める

左手の人差し指で **Alt** 、薬指で **Shift** を押しながら、右手の薬指で **=** を押す

073 ショートカット

マスターしたら check!

「ワークシート」間を効率よく移動できるワザ

エクセルのファイルには、複数のワークシートを保存することができます。東京本社、大阪支社、名古屋支社……、それぞれの売上表を1枚のワークシートに作成し、1つのファイルで保存するなど、関連のあるデータを管理する場合に非常に便利です。

ただ、画面に表示するワークシートを切り替えるのに、いちいちウィンドウ左下の「ワークシートタブ」をクリックするのが面倒だと感じている人は少なくないでしょう。

こんな場合は、「Ctrl」キー＋「PageUp」キーで左隣、「Ctrl」キー＋「PageDown」キーで右隣のワークシートへ、それぞれ移動することができます。このワザを使えば、面倒なワークシート間の移動が一気に効率よくできます。管理するファイルの数を減らし、うまく情報管理する上で欠かせないワザです。

ワークシート間の移動はショートカットキーで効率よく

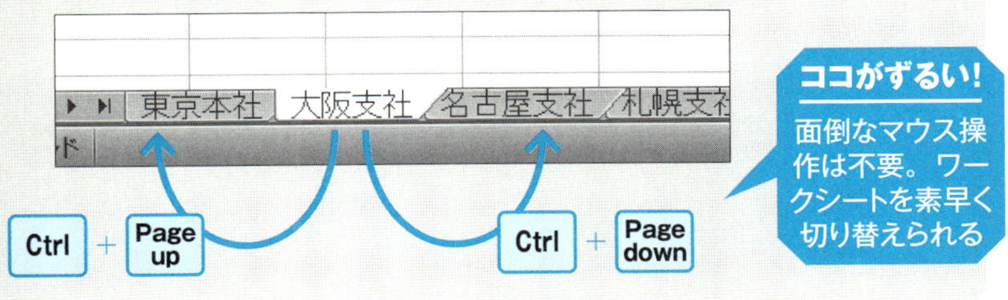
東京本社
大阪支社
名古屋支社
Ctrl
Page up
Ctrl
Page down
ココがずるい!
面倒なマウス操作は不要。ワークシートを素早く切り替えられる

8章

文書作成が得意になるワードの㊙「ずるいワザ」

Enter
Letter

仕事では、報告書や提案書、ビジネスレターなど、ワードで文書を作成することがよくあります。
ワードに対して、「要は、ワープロでしょ。基本操作である文字の入力さえできれば何とかなる」と簡単に考えている人が少なくないようです。実際、書籍や雑誌の記事、インタビューなどの依頼があると、「売れるのは、エクセル。ワードの本は売れない」とよく言われます。
では、ワードの文書作成の時間に、人によって大きな差が出るのはなぜなのか——文章力以上に、文書の体裁を整える作業をどれだけ効率的に行えるかが大きなカギを握っていることは間違いありません。
例えば、文書のタイトルを中央揃えにするとか、小見出しの書式を統一するとか……。見映えのいい文書がサッと作れるようになる効率ワザを紹介いたします。

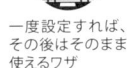

設定のみ
一度設定すれば、その後はそのまま使えるワザ

1
キー
ショートカットキーの中でもキー1つで使えるワザ

ショートカット
「Ctrl」キー+などショートカットキーを使ったワザ

マウス
キーとの組み合わせなど、マウスがパワーアップするワザ

仕事が効率化する考え方やアイデア仕事術

074

ショートカット

マスターした
check!

文字の配置を キー操作一発で自在に変更する

ワードの文書作成で、意外に面倒なのが文字の配置です。

横書きの場合、標準の文字の配置は左揃えです。しかし、文書の件名は中央揃え、日付と作成者の所属・氏名は右揃え、結論部分は中央揃え……といった具合に、1つの文書内で文字の配置をしょっちゅう変更すると思います。

この場合、文字を入力しているのに、いちいちマウスに手を移し、リボンのツールボタンをクリックするのはいかにも面倒。試してみたら、文字の入力を再開するまで、4、5秒かかりました。大した時間ではないかもしれませんが、何回も繰り返す操作なので、1つの文書作成で数分の時間ロスになります。それ以上に、その面倒さからストレスを感じるのが問題です。

実は、文字の配置の変更は、キー操作一発でできます。

左揃えなら、「Ctrl」キー＋「L」。

右揃えなら、「Ctrl」キー＋「R」。

中央揃えなら、「Ctrl」キー＋「E」。

「Ctrl」キー＋「J」で、行の端から端まで均等に文字を配置する均等揃えというのもありますが、あまり使う機会はないでしょう。私自身も、一度も使ったことはありません。

左と右の「L」「R」は、「Left」「Right」の頭文字なので、すぐ覚えられるはず。問題は、中央揃えの「E」です。「Center」

ココがずるい!
文字の配置を変えるのに、いちいちマウスを使わなくてすむ
Ctrl + L = 左揃え
Ctrl + R = 右揃え
Ctrl + E = 中央揃え
18：15
研修終了
研修終了
研修終了
※プログラムの順序や構成は、状況に応じて変更することがあります。
Ctrl + L = 左揃え
Ctrl + R = 右揃え
Ctrl + E = 中央揃え

なら頭文字は「C」ですが、「Ctrl」キー＋「C」は、もっとよく使うコピーに割り当てられています。なぜ「E」なのかの理由は諸説ありますが、「cEnter」(「C」がダメだから2文字目にした）の「E」だと覚えてください。

このワザをワードの章で取り上げたのは、**エクセルのセルの文字配置には、残念ながら使えない**からです。しかし、**エクセルでも挿入したテキストボックスの文字配置、パワポのテキストボックスの文字配置では同様に使えます**。特にパワポでは、テキストボックスごとに文字の配置を変えることが多い（キーワードやキーフレーズは中央揃え、説明文は左揃え）ので、非常に文書作成がはかどるようになります。

マスターしたらcheck!

「改行」の連打が不要になる「改ページ」ワザ

見やすい文書を作成するコツは、章や節など、文書内の内容が変わる箇所がサッとわかるようにすることです。

文書は、なるべく1ページにまとめろ、というのは確かにその通りです。印刷したとき、紙をめくる必要がなくなるし、ひと目で全体がざっとつかめるからです。しかし、報告書や提案書など、とうてい1ページに収まらない場合はどうでしょう。

こんな場合は、「1ページには収まらないまでも、なるべく枚数を少なく」と考えてはダメ。むしろ、ページ数を気にせず、ゆったりと余裕を持たせて、ページに詰め込みすぎないほうが読みやすく好印象な文書ができます。さらに、詰め込んで3、4ページの文書より、7、8ページの文書のほうが力作に見えるもの。それならば、読みやすく、力作に見える文書にしたほうが、いいに決まっているのです。

章や節など、内容の変わり目は、そのまま文章を続けず、改ページして、ページの先頭から始めるのがうまいやり方。しかし、「Enter」キーで何回も改行して、次のページの先頭にカーソルを持っていく人をよく見かけます。

これは、ムダな労力であるとともにミスが起こる元。文書を修正して1、2行ずれが生じると、内容の変わり目もページの先頭からずれてしまうからです。それを再度、修正していたの

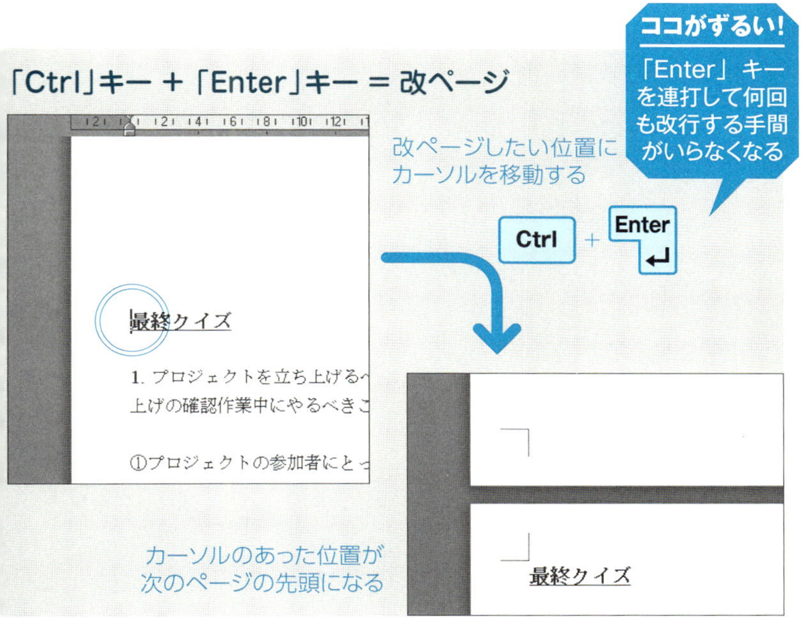
「Ctrl」キー＋「Enter」キー＝改ページ
ココがずるい!
「Enter」キーを連打して何回も改行する手間がいらなくなる
改ページしたい位置にカーソルを移動する
Ctrl
Enter
最終クイズ
1. プロジェクトを立ち上げる
上げの確認作業中にやるべき
①プロジェクトの参加者にと
カーソルのあった位置が次のページの先頭になる
最終クイズ

では、時間がいくらあっても足りません。

こんなときは、「Ctrl」キー＋「Enter」キーを押す。

――たったこれだけで、改ページが一瞬でできてしまいます。「Enter」キーを連打する必要もなければ、行がずれて、修正するという手間も不要になります。

研修で、受講生にレポートを作成させると、10人中8人はレポートの表紙の文字を打った後、「Enter」キーを連打しています。昔のワードならメニューバーから「改ページ」を選べばよかったのですが、今のリボン形式になって改ページの方法がわかりにくくなったからでしょう。

簡単なワザでありながら、長い文書を作成するときに大きな威力を発揮してくれます。

076

1 キー

マスターしたcheck

行の先頭を きれいに揃える「ずるいワザ」

ビジネス文書の鉄則は、箇条書きなどにして、簡潔に、どれとどれが並列の関係にあるのかがサッとわかるようにすることです。例えば、

時間	15：00～16：00
場所	本社6階第2会議室（第1会場）
	大阪支社5回第1会議室（第2会場）

といった具合です。ただ、「スペース」キーで空白を入力するやり方だと、箇条書きの文字の先頭がきれいに揃わず、イライラした経験はありませんか。また、「スペース」キーを連打する手間も大変です。

こんなときは、「Tab」キー。カーソルが行の一定の位置まで一気にジャンプするので、簡単に先頭を揃えられます。

「Tab」キー ＝ カーソルを行の一定の位置に移動

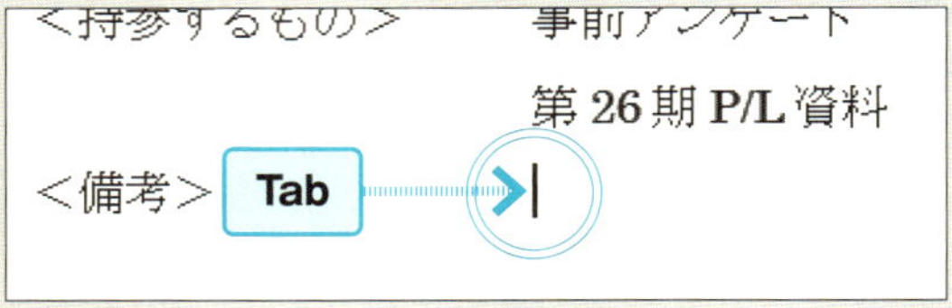
＜持参するもの＞　事前アンケート
第26期 P/L資料
＜備考＞
Tab

ココがずる
「スペース」キ
の連打が不要
文字の先頭が
れいに揃う

077 ショートカット

マスターしたら check!

用字を一気に置き換える「すごいワザ」

文書を作成していて、用字がまちまちになってしまったり、後になって間違った言葉を使っていたことに気づくことがよくあります。例えば、「Windows」と「ウインドウズ」が混じっている、「日本商事株式会社」を「株式会社日本商事」にしてしまった、といったケースです。

こんなとき、文書を見直して、1つずつ直していくのは大変な手間だし、漏れなく修正するのは難しいもの。こんなときは、全てワードに任せてしまう――「置換」という機能です。

ワードの重要な機能の1つなのですでに使っている人が多いでしょう。が、わざわざマウスでリボンの「置換」ボタンをクリックしていませんか。そんなことをしなくても、「Ctrl」キー＋「H」を押せば一発で、「置換」画面を表示できます。入力欄の移動は「Tab」キー。これなら全く面倒でないので、気づいたときすぐに使えます。

ココがずるい!
用字の統一、誤字の修正が一気にできる

「Ctrl」キー ＋「H」＝ 置換

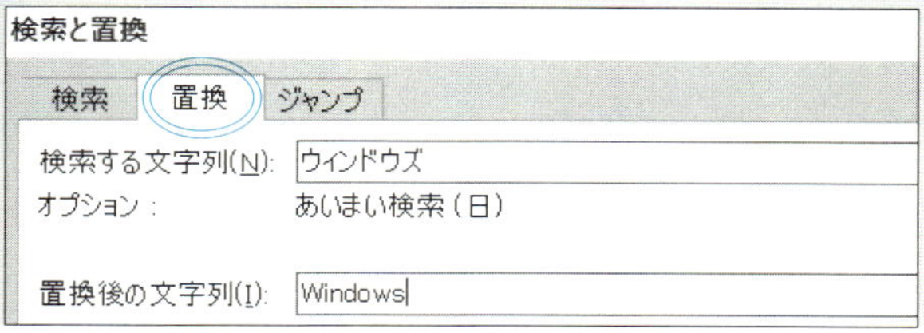
検索と置換
検索
置換
ジャンプ
検索する文字列(N):
ウィンドウズ
オプション：
あいまい検索（日）
置換後の文字列(I):
Windows

078 ショートカット

マスターしたcheck!

文章のように書式も「コピー&貼り付け」ですませる

タイトルや見出しはもちろん、要点やキーワードなどを書式を変えて目立たせることは、ふだんからよくやる作業ですね。12 ポイントと大きくし、MSP ゴシックなどの目立つ書体に変え、下線付きにし、赤い字にする、といった具合です。

ただ、**何種類も書式の変更を行うと、どういう書式の変更をやるのか、わからなくなる**ことがよくあります。本来、同じ扱いにするべきなのに、場所によってバラバラというのでは、見た目も悪く、伝わりにくい文書になってしまいます。

それだけではありません。

何種類もの書式の変更を文書の何カ所もやっていたのでは、時間がいくらあっても足りません。これでは、とても効率よく文書を作成することができません。

そこでご紹介したいワザが、**「書式をコピー&貼り付け」**するというもの。通常、コピー&貼り付けといえば、文字そのものや画像、ファイルなどです。しかし、**文字はそのままで、書式だけをコピー&貼り付けすることができる**のです。

罫線や背景色など、エクセルは書式をセルごとに変えることが多いので、貼り付けの際、右クリックし「形式を指定して貼り付け」を選べば、「書式設定」だけを貼り付けることができます。しかし、残念ながらワードにはこの機能はありません。

「Ctrl」キー ＋「Shift」キー ＋「C」＝ 書式のコピー
「Ctrl」キー ＋「Shift」キー ＋「V」＝ 書式の貼り付け

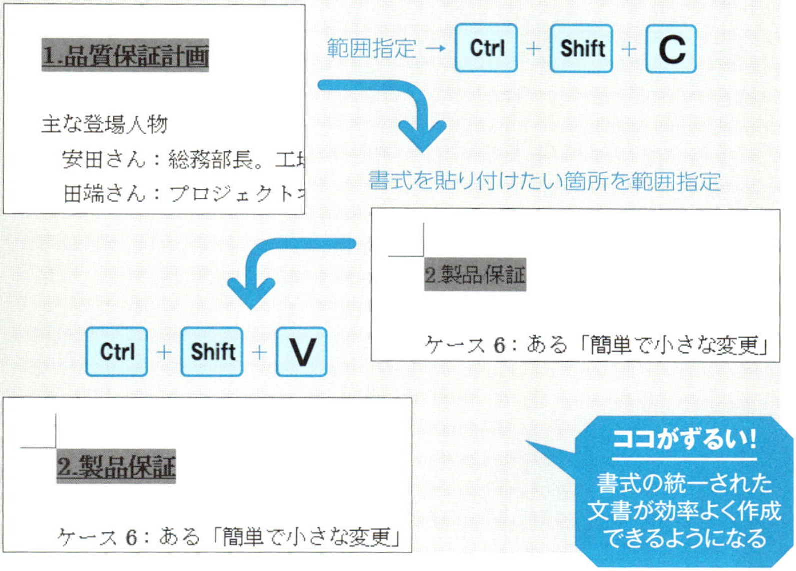
1.品質保証計画
主な登場人物
安田さん：総務部長。工
田端さん：プロジェクト
範囲指定 → Ctrl ＋ Shift ＋ C
書式を貼り付けたい箇所を範囲指定
2.製品保証
ケース 6：ある「簡単で小さな変更」
Ctrl ＋ Shift ＋ V
2.製品保証
ケース 6：ある「簡単で小さな変更」
ココがずるい！
書式の統一された文書が効率よく作成できるようになる

　ワードの場合は、コピーするときに、**「Ctrl」キー＋「Shift」キー＋「C」**と、通常のコピーに「Shift」キーを加えて押します。そして、貼り付けを行う際にも、**「Ctrl」キー＋「Shift」キー＋「V」**。

　――これで、書式のコピー＆貼り付けを行えます。**見出しや要点、キーワードなどの書式がきっちりと統一された見映えのいい文書を素早く作成できる**ようになります。

「神は細部に宿る」という言葉がありますが、周りの評価、そして仕事の成果は、こうしたちょっとした文書の仕上げ状態で、大きく左右されるものなのです。

079 ショートカット

マスターしたらcheck!

スクロールを省力化して特定のページに移動する

長い文書は、スクロールするのがかなりの手間です。

ワードの場合、「Ctrl」キー＋「End」キーで文書の最後、また最初に戻りたい場合は「Ctrl」キー＋「Home」キーで一瞬で移動できることは、すでに説明した通りです。

ただ、30ページある文書の真ん中くらいに移動したい場合にはこれらのワザは使えません。「PageDown」キー、「PageUp」キーを使えば、ほぼ1ページ分のスクロールができるので、マウスホイールをひたすら回し続けるという操作は不要になりますが、それでも効率はよくありません。

そこで、ワード（エクセルなども）には、文書の指定した場所に一瞬で移動できるワザが用意されています。それが「ジャンプ」です。リボンの「ホーム」タブの「検索」ボタン→「ジャンプ」で、「ジャンプ」画面を表示できますが、このやり方はやはり手間。もちろん、ショートカットキーが用意されているので、これを利用するのがうまい方法です。「ジャンプ」のショートカットキーは「Ctrl」キー＋「G」です。

「Ctrl」キー＋「G」を押すと、「ジャンプ」画面が表示されます。標準の状態では、ページ数を空欄に入力し、「Enter」キーを押せば、その場所に一気に移動できます。

このほか、「セクション」「行」「コメント」「図」などでジャ

ココがずるい!
長い文書をスクロールする手間が一気に省ける

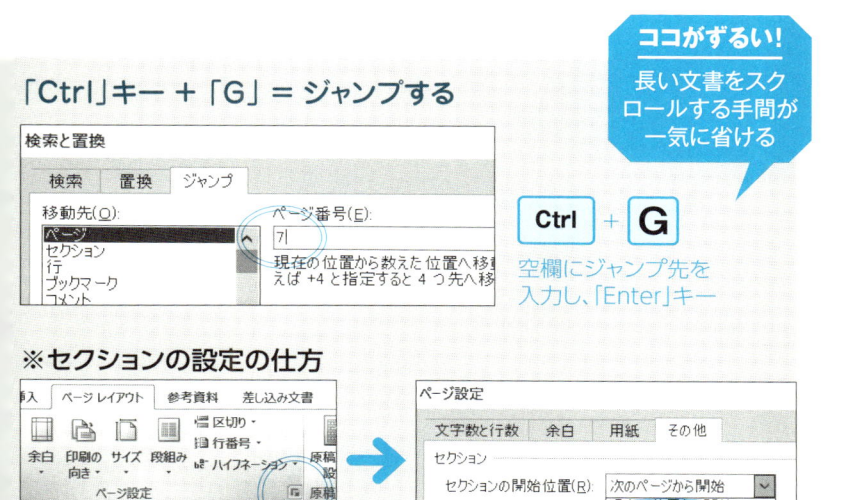

「Ctrl」キー ＋ 「G」 ＝ ジャンプする

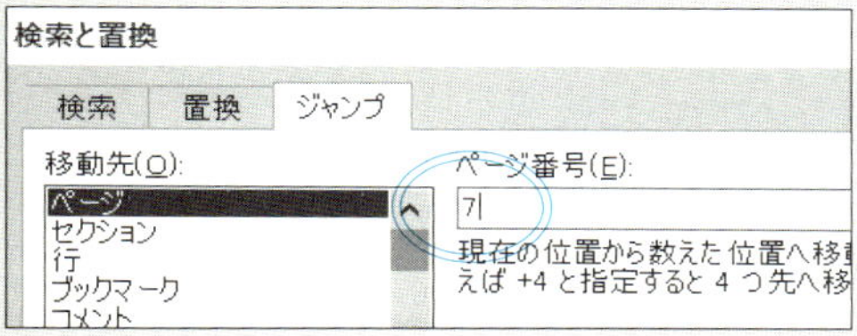
検索と置換
検索
置換
ジャンプ
移動先(O):
ページ
セクション
行
ブックマーク
コメント
ページ番号(E):
7
現在の位置から数えた位置へ移動
えば +4 と指定すると 4 つ先へ移

Ctrl
+
G

空欄にジャンプ先を入力し、「Enter」キー

※セクションの設定の仕方

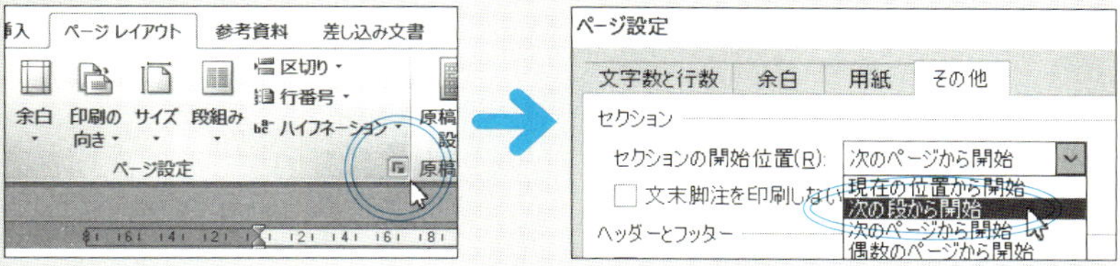
ページ レイアウト
参考資料
差し込み文書
区切り
行番号
ハイフネーション
余白
印刷の向き
サイズ
段組み
ページ設定
ページ設定
文字数と行数
余白
用紙
その他
セクション
セクションの開始位置(R):
次のページから開始
現在の位置から開始
次の段から開始
次のページから開始
偶数のページから開始
文末脚注を印刷しない
ヘッダーとフッター

「ページ レイアウト」タブ→「ページ設定」→「その他」タブ→「セクション」を指定

ンプ先を指定することも可能。セクションとは、文書をいくつかのグループに分ける機能で、通常ならヘッダー／フッター、段組み数などが文書全体で共通ですが、セクションを使うと別々に扱うことができるというもの。例えば、報告書を、①サマリー、②目次、③本編、④資料編といったセクションに分けておけば、違うヘッダー／フッター、違う段組みなどにできるほか、この「ジャンプ」機能で一発で資料編の最初に移動できるなど、文書を効率的に扱うことができます。

ただ、「ジャンプ」の一番お手軽ですぐ役立つ使い方は、ざっくり「このあたり」というページ数で移動し、その後、見たい場所までスクロールする、というスクロールの手間省力ワザとしてかもしれません。

080

マウス

マスターしたら
check!

写真&図解入りの文書を効率よく作成する

文字だらけの文書だと、読む気が失せるものです。図解やグラフ、実例写真などは、文書をわかりやすくする有効な手段ですが、イメージの写真など、文字だらけの圧迫感を和らげる上でも大きな効果があります。したがって、よほど簡潔な書類や契約書などのお硬い文書でない限り、写真や図、イラストを文書に盛り込みたいものです。

ただ、これらの画像を文書に盛り込むのが、意外に面倒だと思っている人は多いのではないでしょうか。

標準的なやり方は、リボンの「挿入」タブ→「画像」ボタンをクリックし、画像のファイルを選ぶというもの。フォルダーを移動して、お目当ての画像ファイルを探すだけでも大変です。

もっと簡単な方法はコピペ。画像ファイルを開いて、「Ctrl」キー+「C」でコピーし、ワードで「Ctrl」キー+「V」を押せば、画像の貼り付けを行うことができます。このやり方だとずいぶん楽。これで画像の貼り付けを行っている人が多いでしょうが、いちいち画像ファイルを開くのが面倒です。

もっと手っ取り早い方法は、画像ファイルをそのままワード上にドラッグ&ドロップする方法。知らない人が意外に多いようですが、いちいちファイルを開かなくても、これで画像の貼り付けを行うことができるのです。

画像の挿入 ＝ 画像ファイルをそのままコピー&貼り付け

方法1：画像ファイルをワード文書にドラッグ&ドロップ

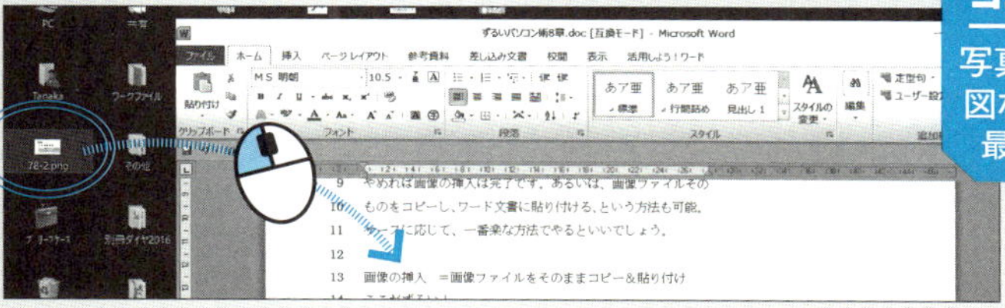

ずるいパソコン術8章.doc [互換モード] - Microsoft Word
78-2.png
やめれば画像の挿入は完了です。あるいは、画像ファイルその
ものをコピーし、ワード文書に貼り付ける、という方法も可能。
ースに応じて、一番楽な方法でやるといいでしょう。
画像の挿入　＝画像ファイルをそのままコピー＆貼り付け

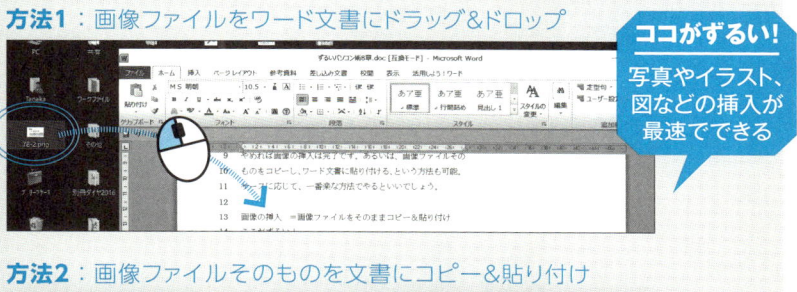

ココがずるい！
写真やイラスト、図などの挿入が最速でできる

方法2：画像ファイルそのものを文書にコピー&貼り付け

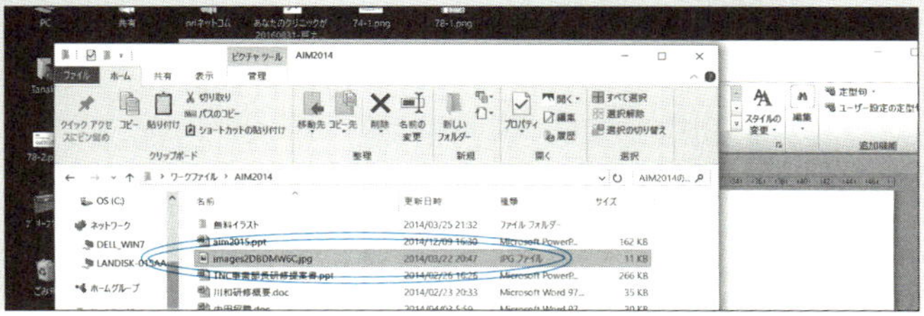

AIM2014
切り取り
パスのコピー
ショートカットの貼り付け
すべて選択
選択解除
選択の切り替え
無料イラスト
aim2015.ppt
images2D8DMW6C.jpg
川和研修概要.doc

ただ、ドラッグ&ドロップだと、ワード文書のウィンドウを開き、画像ファイルのあるフォルダーやデスクトップ上のファイルが見えるようにしなければなりません。これはこれで、ウィンドウの場所を移動したり、大きさを変えたりしなくてはならないので、思ったより面倒です。

こんな場合は、いったん**「Windows」キー＋「M」でウィンドウを全て最小化**して、画像ファイルを画面に表示。これをドラッグして、タスクバーのワードのアイコン上に置くと、ワードのウィンドウが元の大きさに戻ります。そして、ドラッグをやめれば画像の挿入は完了です。あるいは、**画像ファイルそのものをコピーし、ワード文書に貼り付ける**、という方法も可能。ケースに応じて、一番楽な方法でやるといいでしょう。

letter

9章

プレゼン資料がたちまちできる
パワポ㊢「ずるいワザ」

今どきのビジネスパーソンなら、絶対に使いこなせるようにしておきたいアプリ、それがパワーポイント、略称パワポです。
最初に申し上げておくと、パワポは非常に簡単なアプリ。テキストボックスや図形を自由に配置していくだけなので、新入社員はもちろん、中学生だって1時間もすれば、自由自在に使えるようになるのが、その証拠でしょう。お絵かきソフトを、少しビジネスに使いやすいようアレンジし、スクリーンに映したときのスライドショー、画面に表示する内容をコントロールするアニメーションなどの機能があるだけの話。
図解に慣れていない人が、使い方はわかるものの、いい感じにデザインできないという場合が多いのも事実。本章では、パワポを使う意義を示した上で、いかに効率よく資料を作成するかのテクニックについて紹介します。

設定のみ
一度設定すれば、その後はそのまま使えるワザ

1
キー
ショートカットキーの中でもキー1つで使えるワザ

ショート
カット
「Ctrl」キー+などショートカットキーを使ったワザ

マウス
キーとの組み合わせなど、マウスがパワーアップするワザ

仕事が効率化する考え方やアイデア仕事術

081

マスターしたら check!

「パワポは難しくない」ことをまず知っておこう

パワポは、スライドにテキストボックスなどの**図形を置いていく貼り絵**のような作りです。貼り絵ですから、図形を新たに置くたびに上に重なっていきます。一度、置いたら重ね順を変えられないというわけではありません。リボンの「配置」ボタンをクリックすれば、自由に重ね順が変えられます。

そして、文字を入力したければ、図形の内部をクリック。カーソルが表示され、そのまま文字を入力できます。テキストボックスだけでなく、□や○といった図形の内部に文字を書き込むこともできます。

矢印や○、□、△など**主な図形は最初から用意されている**ので、選んでマウスをドラッグすれば描けます。

——基本はたったこれだけ。**パワポの魅力は、自由度が高いこと。イメージした図解やチャートを簡単に作れる**のです。

今から20年ほど前、当時の上司に、企画書はパワポで作るようにと言われました。その理由は、**「パワポにすれば、ワードより枚数が増える。立派な企画書に見える」**ということ。そして、「プレゼンのとき、話を聞いてもらえる」ということです。

みなさんも、経験があると思いますが、打ち合わせに際してワードやエクセルの資料を配ると、**ろくにこちらの話を聞かず、文書を読んでいる参加者**が必ずいます。その上司いわく、「パ

パワポは、貼り絵で作るただの「紙芝居」

ココがずるい!
提案書をパワポにすれば、もっともらしい文書がすぐ作れる。しかも、プレゼンの効果絶大

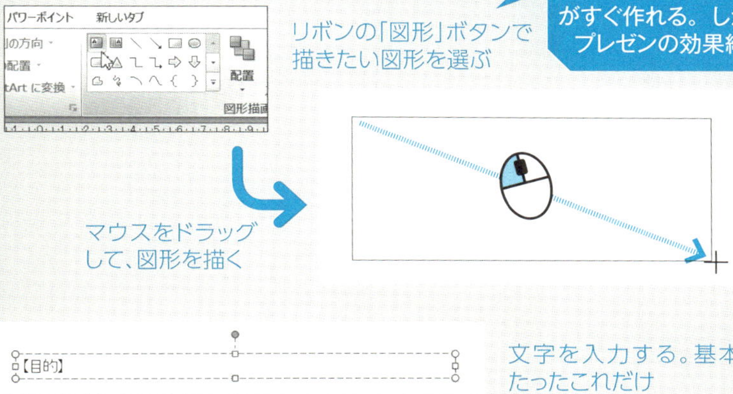

リボンの「図形」ボタンで描きたい図形を選ぶ
マウスをドラッグして、図形を描く
文字を入力する。基本はたったこれだけ

ワポは紙芝居」。「そこで、コンセプトは〜」などとプレゼンして、次のページに続けるといった**「もったいぶり」ができる**のがパワポなのです。さらには、紙で配布せずスクリーンに映し、アニメーションを付けて、説明する前の文章を見せずにやることもできます。

ワードの本は売れないという話をしましたが、それ以上に、パワポの本は売れません。使っている人はすでにおわかりと思いますが、**いじっていれば簡単にマスターできる**からです。

パワポは1時間もあれば、マスター可能。そして、すでに述べた通り、プレゼンで大きな威力を発揮します。仕事で成果を上げたければ、パワポを使わないのはじつにもったいない話です。世の中には、パワポを難しいと思っている人がかなりいるようですが、苦手意識を捨ててまずは使ってみること。プレゼン資料が簡単に作れ、仕事の成果につながります。

082 マウス

きれいな図形を素早く描くコツは「Shift」キーと知ろう

初めてパワポで文書を作成すると、出来上がったものがいかにも体裁の悪い文書に見えたのではないでしょうか。そのときの印象で、「自分には、デザインのセンスがないから」とパワポ嫌いになってしまう人が少なくないようです。

しかし、デザインのセンスがないように思えた原因は、実はほんのささいなこと。それは、パワポの自由度が高すぎるため、正方形や真円、水平線や垂直線といった「きれいな図形」を描くのが難しいということです。直線が少し傾いているとか、○が楕円になっているとか、いい加減そうに見える図形が、文書の印象を悪くしているものなのです。

マウスだけできれいな図形を描くのは、確かに難しいもの。しかし、「あるワザ」を知っていれば、簡単に、素早くきれいな図形を描けるようになります。

「あるワザ」とは、「Shift」キーです。図形を選んでマウスで描くとき、「Shift」キーを押したままにしておくと、適当にマウスを動かしても、きれいな図形を描いてくれるのです。

これは、すでに描いた図形を拡大・縮小するときにも応用がききます。パワポ（エクセル、ワードの描画機能も同じ）で、描いた図形を拡大・縮小するには、図形を選択したときに表示される「ハンドル」と言われる○をマウスでドラッグするだけ

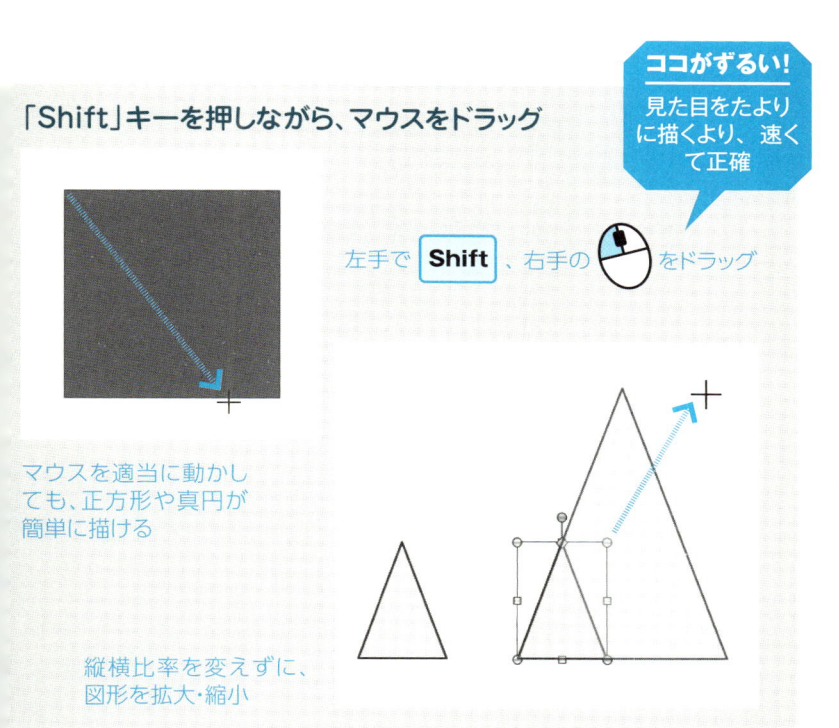

「Shift」キーを押しながら、マウスをドラッグ

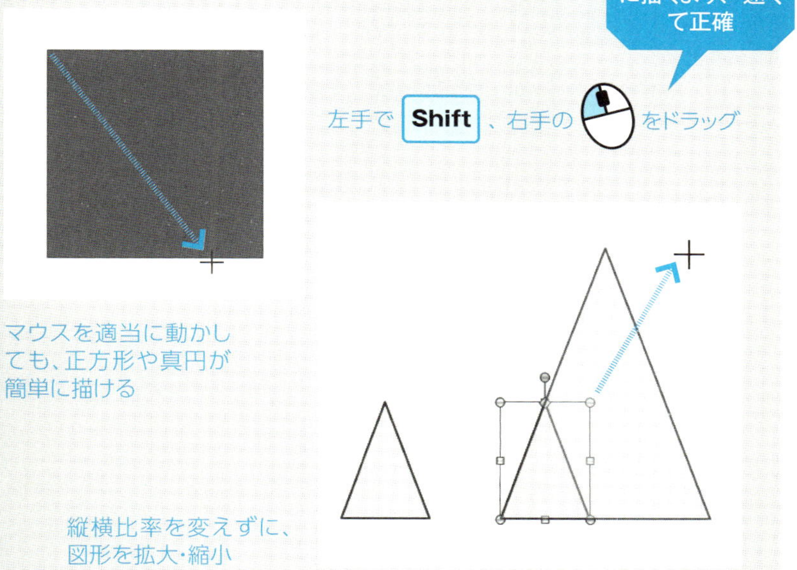
ココがずるい!
見た目をたよりに描くより、速くて正確
左手で Shift 、右手の をドラッグ
マウスを適当に動かしても、正方形や真円が簡単に描ける
縦横比率を変えずに、図形を拡大・縮小

です。しかし、普通にこの操作をやると、縦横比率が変わってしまうことが少なくありません。しかし、ここで「Shift」キーを押したままにしておけば、縦横比率を保ったまま拡大・縮小ができるのです。

見た目をたよりに、きれいな図形を描こうとマウスを慎重に動かしている人をよく見かけますが、手作業では、どんなに正確にやろうとしても限界があります。何より、時間がかかって仕方がありません。こんな場合は、「Shift」キーと心得ること。たったこれだけで、きれいな図形が描けるようになり、パッと見できれいな文書を素早く作成できるというわけです。

083

マスターしたら
check!

「図解」に対する苦手意識をなくすコツ

図解というと、苦手意識のある人が少なくありません。ただ、私たちが描く図解は、あくまで説明の手段に過ぎません。複雑な世の中の事象を整理するモデルを作ろうというのではないのですから、気楽に考えることです。

基本となるのは、テキストボックスを枠線付きにすること。これだけで、1つの論旨のブロックということになります。

例えば、3つの重要なポイントがあるというなら、○の中にそのキーワードを書き込み、3つを並列に並べるか、三角形に配置すればそれで十分です。

もし、2つ以上のテキストボックスがあったら、接続詞を矢印で表現し、結べばよいのです。「だから」「そして」なら、「→」、「なぜなら」なら「←」、「しかし」なら、「↔」で対立を表す、といった具合です。これでも図解と呼べるものになってしまうのです。

次のポイントは、「配置にどんな意味を持たせるか」を考えること。例えば、フロー図やプロセス図なら、右から左、あるいは上から下に時間軸を取っているということです。時間の前後関係を意識して、テキストボックスを縦または横に並べ、矢印でつなげば出来上がりです。

こうやって簡単な図解を描き、苦手意識が薄れてきたら、図

罫線つきテキストボックス ＋ 矢印だけで図解になる

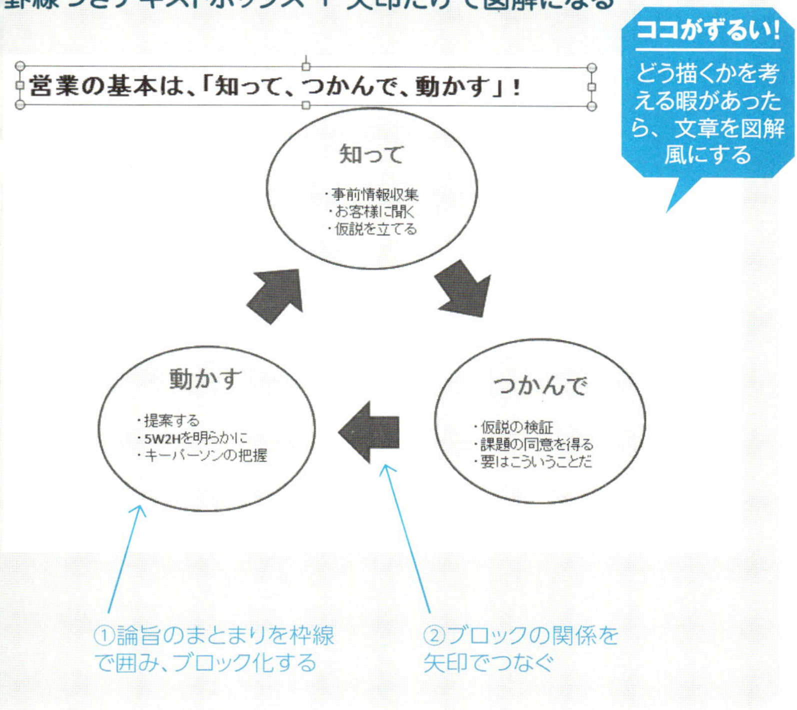

ココがずるい！
どう描くかを考える暇があったら、文章を図解風にする
営業の基本は、「知って、つかんで、動かす」！
知って
・事前情報収集
・お客様に聞く
・仮説を立てる
つかんで
・仮説の検証
・課題の同意を得る
・要はこういうことだ
動かす
・提案する
・5W2Hを明らかに
・キーパーソンの把握
①論旨のまとまりを枠線で囲み、ブロック化する
②ブロックの関係を矢印でつなぐ

解の型を覚えていけば、表現力がアップします。例えば、図解、思考術、情報整理術の本を見れば、縦軸×横軸をとったポートフォリオなど、「思考のフレームワーク」と称して、図解の型が紹介されています。そして、それはそれほど多く数があるわけではありません。少し勉強すれば、すぐに身につきます。

そして、何か資料を作成したいとき、「どの図解の型が一番イメージに近いか」で、表現を考えれば十分です。とにかく習うより慣れろ、です。

084 ショートカット

マスターしたcheck

「すでにあるもの」を利用すると効率がいい

パワポについて、ここまでの話は基本的な操作法、考え方についてでした。パワポをふだんから使い慣れている人は少々退屈だったかもしれません。

しかし、ご安心ください。ここからはいよいよ、効率をアップするテクニック的な話です。特に、このページで紹介するワザは、これだけでパワポ文書作成の時間を半分以下に短縮することができます。しかも、覚えるのは、「Ctrl」キー＋「D」だけという単純明快さ。内容は、「複製」というワザです。エクセルやワードの図形描画でも使えます。

例えば、テキストボックスなどの図形を選択し、「Ctrl」キー＋「D」を押します。すると、元の図形のすぐ近くに、同じ図形が複製されます。後は、これを配置したい場所に移動するだけです。テキストが入る場合は、カーソルを表示して、入力しなおします――基本的な話は、これだけです。

なぜ、このワザがパワポでそれほど有効なのか、ふだんからよく使っている人なら、もうおわかりでしょう。

通常なら、テキストボックスを配置したら、太字にするとか、ポイント数を上げるとか、文字に色をつけるとか、テキストボックスに枠線を付けるとか、いろいろな設定操作を行わなくてはなりません。パワポは、図形を自由に描けますが、その代わり、設定しなければならないものがたくさんあるのです。しかも、1枚のスライドに、図形を3つ、4つ……といくつも配置していきます。面倒どころの話ではありません。

　しかし、「Ctrl」キー＋「D」で、同じ扱いの図形を複製すれば、こうした設定は不要になります。しかも、大きさや縦横の比率までも全く同じです。きれいに図形の形が揃った文書を作成するには、不可欠のワザと言えます。

「Ctrl」キー＋「C」、「Ctrl」キー＋「V」でコピペしても、もちろん同じことができます。

　しかし、コピペだと2回の操作が必要な上、

ココがずるい！
すでにあるものをベースにすれば、書式変更などの手間がいらない

「Ctrl」キー ＋ 「D」 ＝ 複製する

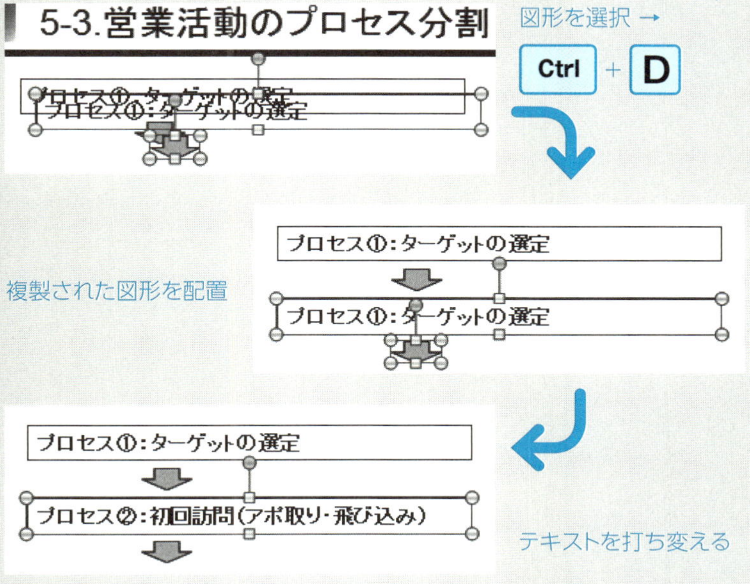

5-3.営業活動のプロセス分割
プロセス①：ターゲットの選定
図形を選択 →
Ctrl + D
複製された図形を配置
プロセス①：ターゲットの選定
プロセス①：ターゲットの選定
プロセス②：初回訪問（アポ取り・飛び込み）
テキストを打ち変える

貼り付けされる図形は、全然違う場所に配置されます。つまり、二度手間。図形の配置を考えれば、圧倒的に「Ctrl」キー＋「D」のほうが、はるかに効率がいいのです。

さらに、このワザには続きがあります。例えば、「営業１課」という枠線付きのテキストボックスを作成し、これを「Ctrl」キー＋「D」で複製したとします。まずは、これを方向キーまたはマウスで横に並列になるよう、移動したとします。そして、この状態で、もう一度、「Ctrl」キー＋「D」を押します。

すると、**最初の２つのテキストボックスの位置関係と同じ位置関係で３つ目のテキストボックスが複製される**のです。つまり、「営業１課」から「営業４課」を横一列に並べたい場合、最初に複製したテキストボックスの位置を調整しておけば、**追加で複製したテキストボックスの位置の調整が不要**になる、というわけです。

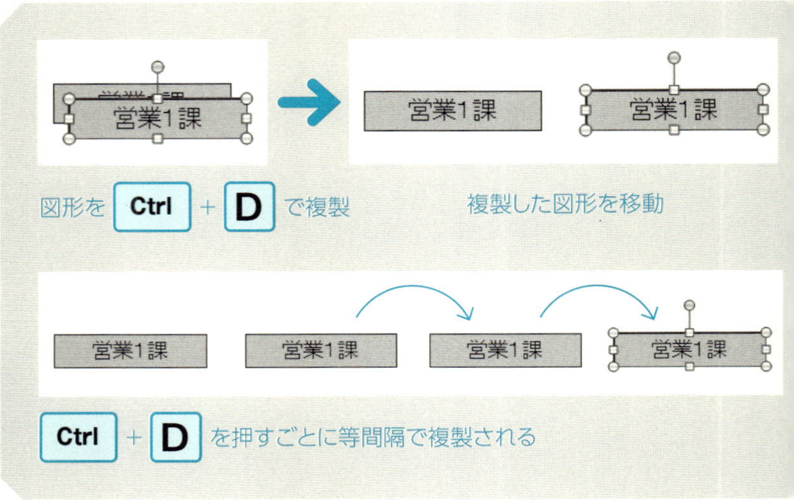
営業1課
営業1課
営業1課
図形を Ctrl + D で複製
複製した図形を移動
営業1課
営業1課
営業1課
営業1課
Ctrl + D を押すごとに等間隔で複製される

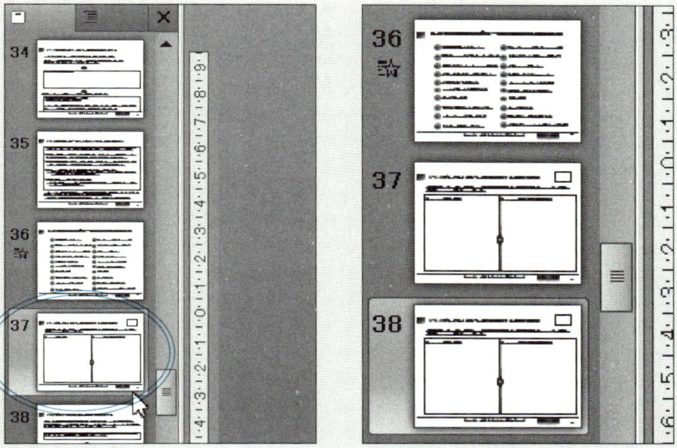
34
35
36
37
38
36
37
38

スライドをクリックして選ぶ

Ctrl ＋ D で
スライドも複製できる

「Ctrl」キー＋「D」は、まだまだ使い道があります。それは、**スライドの複製にも使える**ということです。

パワポのウィンドウは、左側にスライドの一覧が表示されるようになっています。ここで、複製したいスライドをクリックし、「Ctrl」キー＋「D」を押すと、スライドを複製できます。

パワポのスライドは、一番上にスライドのタイトルが入るなど、ページのスタイルを統一するのが一般的です。しかし、例えば**タイトルの書式、本文の書式をスライドごとに設定するのは大変**です。その点、すでにあるスライドを複製すれば、後は文字を打ち変えるだけ。図が入るもの、流れ図になっているものなど、いくつかパターンはあるでしょうが、**すでにあるものをベースに作成するのが早道**なのです。

085

1 キー

マスターしたら check!

「文字の打ち変え」は「F2」キーと覚えよう

パワポで一番面倒に感じられるのは、図形（オブジェクト）の選択と、文字の編集モードをいちいち切り替えなくてはならないことです。

オブジェクトを選択すれば、そのまま文字を入力できますが、もともとあった文字に上書きして消えてしまいます。また、文字入力を行って、カーソルがある状態だと、方向キーを押してもオブジェクトの位置を変えることはできません。いちいちマウスでクリックして、オブジェクトの選択と文字の編集モードを切り替えなくてはならないのです。

そんな面倒さが一気に解消するずるいワザがあります。

そのワザとは、「F2」キー。オブジェクトを選択した状態で「F2」キーを押すと、文字列の最後にカーソルが表示されるのです。084 のワザでオブジェクトを複製したら、複製されたオブジェクトが選択された状態。そのまま**「F2」キーを押せばすぐ文字の打ち変えができてしまう**というわけ。

これは、**エクセルのセルの編集や、ファイル名の変更と共通のワザ。ですから、覚えやすい**はずです。

では、逆の場合――文字入力を終えて、オブジェクトの選択状態に戻す場合――にうまい方法はないのかと思った人もいらっしゃるでしょう。

ココがずるい!
パワポ文書作成でマウスを使う回数が半減する

「F2」キー ＝ 文字の編集モード
「Esc」キー ＝ オブジェクトの選択モード

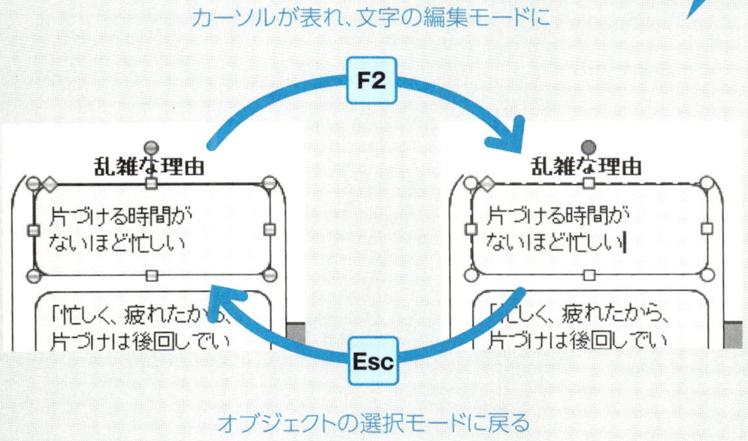
カーソルが表れ、文字の編集モードに
F2
乱雑な理由
片づける時間がないほど忙しい
「忙しく、疲れたから、片づけは後回しでい
Esc
オブジェクトの選択モードに戻る

ご心配なく。もちろんワザはあります。

文字の入力を終えた後、「Esc」キーを押せば、カーソルが消え、オブジェクトを選択した状態になります。方向キーで、オブジェクトを移動することもできるわけです。

図形を自由に描いて配置するパワポの場合、マウスを繰り返し使わなくてはなりません。マウスを使えば使うほど、文書作成の時間がかかってしまうのは、もちろんです。しかし、「F2」キーと「Esc」キーでオブジェクトの選択と文字の編集モードを切り替え、方向キーでオブジェクトを移動させれば、マウスを使う回数は半分以下に減らせます。つまり、パワポ文書の作成を、半分以下の時間に短縮できるのです。

086

マスターしたらcheck!

写真やイラストのサイズを抑える「ずるいワザ」

プレゼン資料は、見映えをよくするため、写真やイラストを数多く使用します。気がついたらパワポ文書のファイルサイズが大きくなってメールで送れない、という経験をした人は少なくないのではないでしょうか。

パワポに限った話ではありませんが、写真やイラストを貼り付けた場合、その容量は、元のファイルサイズそのまま。コンパクトデジカメで撮った写真でも平気で1～2メガあるわけですから、数枚貼り付けたら、すぐにメールで送れる添付ファイルの容量の目安である10メガを超えるのも当然です。

最近は、宅ふぁいる便やfirestorageなどの大容量ファイル転送サービスが普及しているので、ファイルが送れないということはありません。しかし、ネット上にデータをアップロードして、そのURLをメールにコピーという作業は、けっこう時間がかかるものです。

パワポの写真やイラストは、たいてい縮小して使うもの。元のファイルの容量そのままである必要は全くありません。

写真やイラストをどれでもいいので、ダブルクリックすると、リボンが「書式」タブに変わります。「書式」タブの「図の圧縮」ボタンをクリックしましょう。

すると、「画像の圧縮」画面が表示されます。「圧縮オプショ

ココがずるい！
ファイル容量を抑え、添付ファイルで送れるようになる

「書式」タブ → 「図の圧縮」ボタン

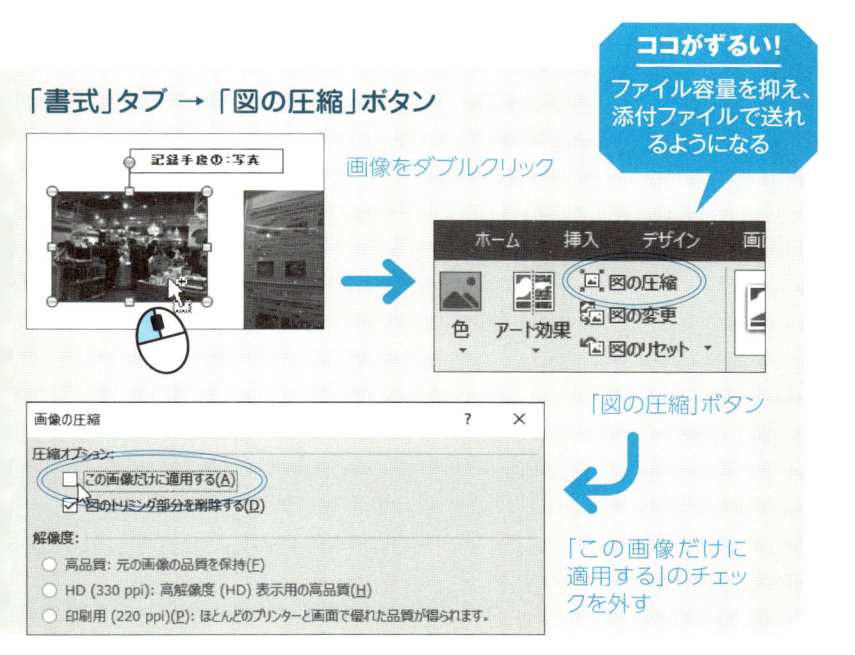

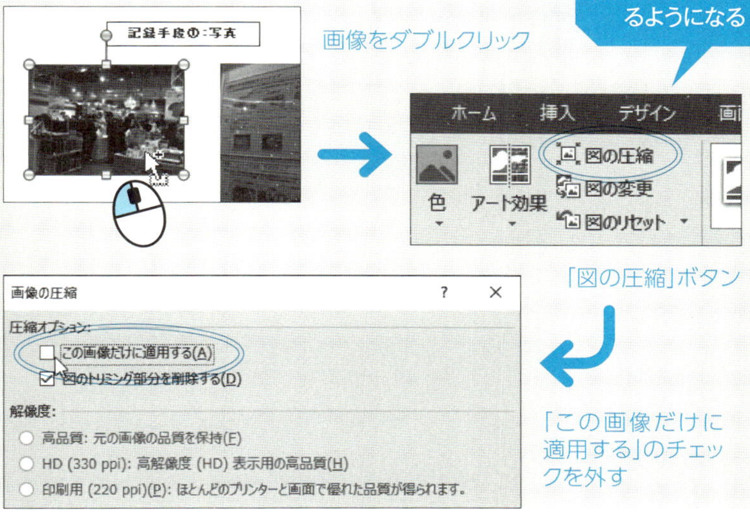
記録手段①：写真
画像をダブルクリック
ホーム
挿入
デザイン
色
アート効果
図の圧縮
図の変更
図のリセット
「図の圧縮」ボタン
画像の圧縮
圧縮オプション：
この画像だけに適用する(A)
図のトリミング部分を削除する(D)
解像度：
高品質：元の画像の品質を保持(F)
HD (330 ppi)：高解像度 (HD) 表示用の高品質(H)
印刷用 (220 ppi)(P)：ほとんどのプリンターと画面で優れた品質が得られます。
「この画像だけに適用する」のチェックを外す

ン」の「この画像だけに適用する」のチェックを外し、「OK」ボタンをクリックまたは「Enter」キー。

――これで、ファイルに使われている写真やイラスト全てが、実際に使用している大きさに見合ったサイズに圧縮されます。よほどの点数を使用しない限り、パワポ文書の容量が、10 メガを超えることはありません。私が研修で使用するパワポ文書は平均してスライド 50 ～ 70 枚分くらいありますが、だいたい 2 ～ 3 メガ程度の容量に収まっています。

こうすれば、パワポ文書を送るのに、いちいち大容量ファイル転送サービスを利用する必要がなくなります。メールに添付して、送信して終わりですから、ファイルを送るのにかかる時間は、10 分の 1 に短縮されます。

087

マスターしたら check!

「アニメーション」を使えば一気にプレゼンしやすくなる

パワポ文書をスクリーンに映し、説明に合わせて、文章や写真がスクリーンに表れるようにする――これが「アニメーション」機能です。アニメーションというと、動画制作のような難しそうな印象を受けますが、誰でもすぐ使えて、プレゼンの成果に直結する素晴らしい機能です。

というのも、プレゼンは、いかに話に興味を持って聞いてもらえるかが勝負です。スライドの内容が最初から全て表示されていたら、話を聞かずにスライドを読む人が出てきます。それは、いわば、これから話すことの「ネタバレ」になってしまいます。

さらに、スライドの内容がいっぺんに表示されると、たいていの人は説明を焦ります。掘り下げて説明しなければならないところを省くケースも出てきてしまいます。アニメーションは、自分が説明する順番のガイドにもなってくれます。ストーリー立てて画面に表れる順にプレゼンを進めればいいので、事前に組み立てた通りのプレゼンをやりやすいのです。

アニメーションを付けるには、アニメーションを付けたいオブジェクトを選択して、リボンの「アニメーション」タブでアニメーションの種類を指定するだけ。ただ、通常は、パワポ文書が出来上がってから、最後にプレゼンの組み立てをイメージ

「アニメーションウィンドウ」でアニメーションを設定

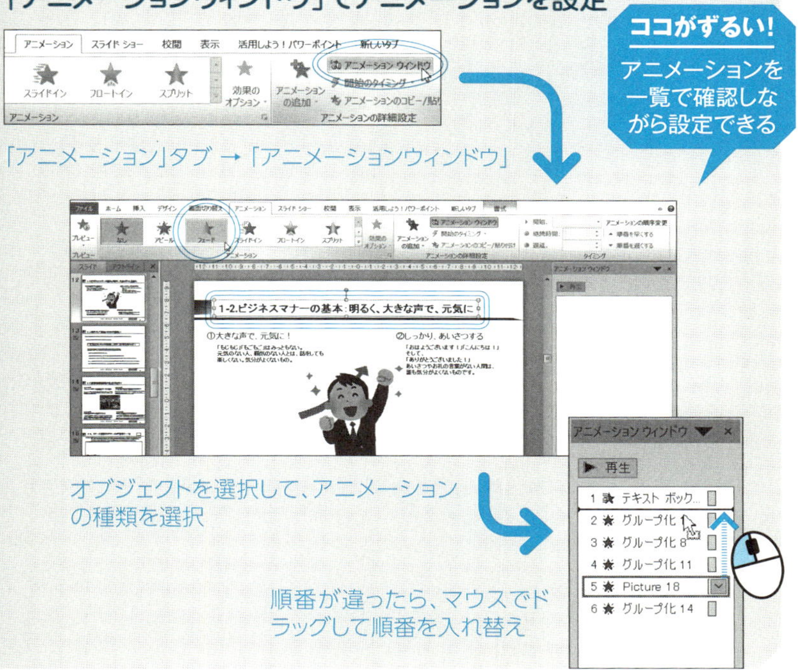
ココがずるい!
アニメーションを一覧で確認しながら設定できる
アニメーション
スライド ショー
校閲
表示
活用しよう！パワーポイント
新しいタブ
スライドイン
フロートイン
スプリット
効果のオプション
アニメーションの追加
アニメーション ウィンドウ
開始のタイミング
アニメーションのコピー/貼り
アニメーションの詳細設定
「アニメーション」タブ → 「アニメーションウィンドウ」
1-2.ビジネスマナーの基本：明るく、大きな声で、元気に
①大きな声で、元気に！
②しっかり、あいさつする
オブジェクトを選択して、アニメーションの種類を選択
アニメーション ウィンドウ
再生
1 テキスト ボック...
2 グループ化 1
3 グループ化 8
4 グループ化 11
5 Picture 18
6 グループ化 14
順番が違ったら、マウスでドラッグして順番を入れ替え

してアニメーションを付けるので、「アニメーションウィンドウ」をクリックして、ウィンドウの右側にアニメーションの一覧を表示したほうがよいでしょう。アニメーションウィンドウ上部の「再生」ボタンをクリックすれば、どの順番でオブジェクトが表示されていくか確認できるので、アニメーションの付け忘れもなくなります。

アニメーションの順番が間違っていても、アニメーションウィンドウを表示しておけば、アニメーションをドラッグ&ドロップすることで、簡単に順番を入れ替えられます。

10
章

よく使うアプリの仕事が速くなる「ずるいワザ」

Enter
Letter

エクセル、ワード、パワポ以外にも、仕事でよく使うアプリがあります。例えば、メールアプリ、Webブラウザ、PDF文書を開くアドビリーダー（またはアクロバット）などです。
誰もが、出社したらメールをチェックし、ヤフーなどで天気や最新のニュースをチェックします。これらは、仕事のかなりの時間を占めているはずです。
メールチェックやWeb閲覧は、時間をかけ出したらきりがありません。生産的な仕事に使う時間を確保したければ、「すき間時間」を使って、短時間で切り上げることです。
しかし、メールをチェックして、返信メールを何通か送ったら、20～30分経ってしまった、というのが現実ではないでしょうか。これらを「すき間時間＝短時間」で片づける方法を知れば、他の仕事に回せる時間を増やし、残業時間をなくすことができるのです。

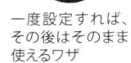

設定のみ
一度設定すれば、その後はそのまま使えるワザ

1
キー
ショートカットキーの中でもキー1つで使えるワザ

ショートカット
「Ctrl」キー＋などショートカットキーを使ったワザ

マウス
キーとの組み合わせなど、マウスがパワーアップするワザ

仕事が効率化する考え方やアイデア仕事術

088 ショートカット

マスターしたらcheck!

メールの返信&転送をキー操作だけですませる

仕事で意外に時間を取られているものの代表格がメールチェックです。メールをチェックする際、いちいちマウスでメールをクリックしてプレビューに表示し、読んでいる人が多いのではないでしょうか。

しかし、メールチェックは、左手はキーボード、右手でマウス操作という二刀流ですませたいところ。メールの表示は、方向キーで選ぶのが一番かしこいやり方です。ただ、メールのスクロールは、マウスホイールで行うのが簡単——そこで、キーボードとマウスの二刀流というわけです。メールのチェック中、左手を遊ばせているのはもったいないし、マウス操作をスクロール限定にすれば、マウスのポインターを動かす必要がなくなるので、それだけでも時間短縮につながります。

「PageUp」「PageDown」キーでスクロールする方法もないわけではありません。ただ、アウトルックでこれらのキーを押すと、スクロールされるのはメール一覧。「Enter」キーを押して別ウィンドウを開くか、「Tab」キーでプレビュー画面を選択してようやくこれらのキーが使えるようになります。ウィンドウを閉じたり、「Shift」キー+「Tab」キーでメール一覧に戻るのはかえって手間なので、あまり実用的でないでしょう。

そして、受信したメールに対して返信したり、転送したりす

「Ctrl」キー＋「R」＝返信
「Ctrl」キー＋「Shift」キー＋「R」＝全員に返信
「Ctrl」キー＋「F」＝転送
「Alt」キー＋「S」＝メールを送信

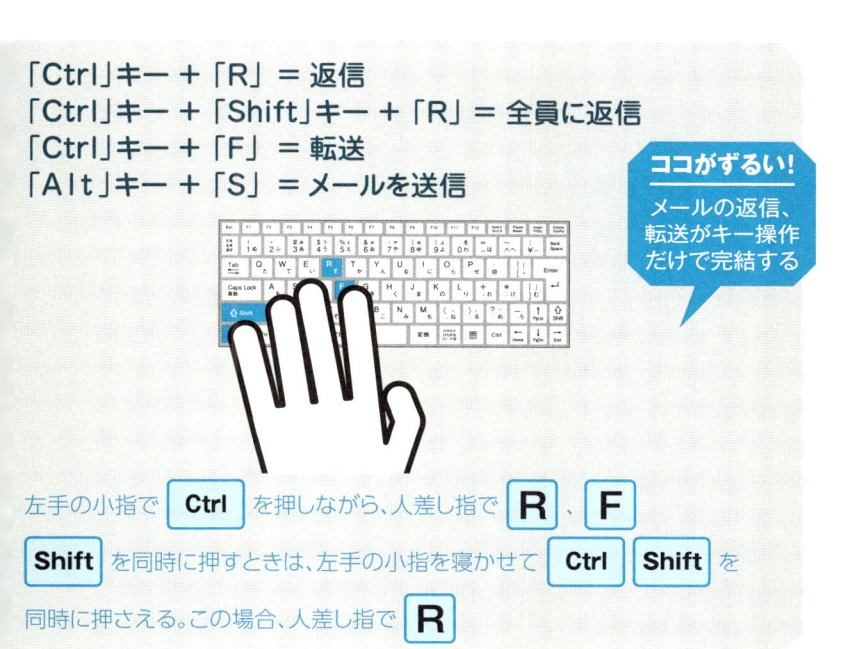

ココがずるい!
メールの返信、転送がキー操作だけで完結する

左手の小指で **Ctrl** を押しながら、人差し指で **R** 、**F**
Shift を同時に押すときは、左手の小指を寝かせて **Ctrl** **Shift** を同時に押さえる。この場合、人差し指で **R**

る場合。いちいちリボンの「返信」「転送」ボタンをクリックするのは、やはり面倒です。こんなときは、返信なら、「Ctrl」キー＋「R」(Returnの頭文字)、全員に返信なら、「Ctrl」キー＋「Shift」キー＋「R」、転送なら、「Ctrl」キー＋「F」(Forwardの頭文字）を押せば一発。

マウスはあくまでスクロールに徹すること。そうすれば、右手をマウスの上において、人差し指を動かすだけでよく、ほとんど動かす必要がなくなります。そして、メールを書き終えていざ送信となったら、「Alt」キー＋「S」（Sendの頭文字）でOK。意外に時間を取られているメールチェックも、これで一気に効率化するはずです。

089

定型文の使いまわしが うまくなる「署名」活用術

どんなに入力が速い人でも、なるべく文章は打たないほうが効率がいいに決まっています。

コミュニケーションをないがしろにしろと言っているのではありません。振り返ってみれば、私たちは同じような文章を、繰り返し書いています。特に、メールにおいては。

> いつもお世話になっております。
>
> 海山商事の山田です。
> 先日は、お忙しいところ、お時間をいただき、
> 本当にありがとうございました。

こうした決まりきった文言を繰り返し打つのは、いかにも時間のムダです。しかし、「署名」機能を使えば、この手間を一気に省くことができます。

聞いて、ぴんと来なかった人が多いと思います。というのも、私たちは「署名」という名前に先入観を持ってしまっているからです。「署名」とは、新規メール（返信、転送を含む）に、名前、連絡先などの登録した文面を自動的に挿入するもの。しかし、一緒に、「いつもお世話になっております。海山商事の

ココがずるい!

メール作成の際の入力作業が一気に軽減される

繰り返し入力する文面も「署名」に登録

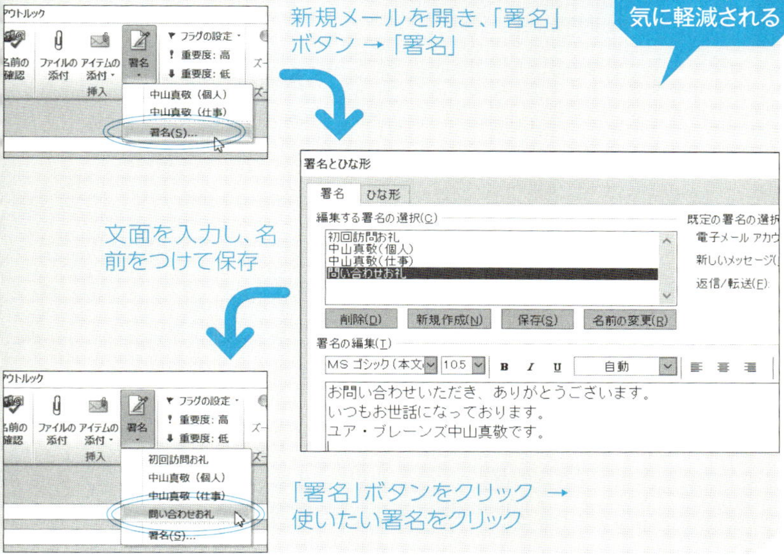
新規メールを開き、「署名」ボタン →「署名」
文面を入力し、名前をつけて保存
「署名」ボタンをクリック → 使いたい署名をクリック
署名とひな形
編集する署名の選択(C)
初回訪問お礼
中山真敬(個人)
中山真敬(仕事)
問い合わせお礼
削除(D)
新規作成(N)
保存(S)
名前の変更(R)
署名の編集(T)
お問い合わせいただき、ありがとうございます。
いつもお世話になっております。
ユア・ブレーンズ中山真敬です。
署名(S)...

山田です～」といった決まりきった文言も加えておくことも、もちろん可能です。そうすれば、入力の手間が大幅に省けるではないですか。

しかも、「署名」で登録できる文面は、1つだけではありません。「初回訪問お礼」「問い合わせお礼」など、いくつかのパターンを用意しておくと、さらに効果的です。

作成メールのリボンの「ホーム」タブに、「署名」ボタンがあり、これをクリックすると、複数の署名が登録されている場合は一覧で表示されるので、使いたい署名をクリックして選ぶだけです。「備えあれば憂いなし」と言いますが、署名に登録しておけば、繰り返し同じ文面を打つ手間が不要になるのです。

090 1キー

マスターした check

入力欄の移動「Tab」キーはメールで威力を発揮する

021で、入力フォームの入力欄の移動は、「Tab」キーですますことができると、すでに書きました。

この「Tab」キーを使った移動ワザは万能です。

エクセル、ワード、パワポの各種設定画面、例えば、「置換」画面で、次の入力欄に移動するときにも使えます。

そしてもちろん、「宛先」「CC」「件名」「本文」といった、メールの入力欄の移動にも使えるのです。メール作成において、この「Tab」キーは不可欠なワザと言ってもいいくらいです。

というのも、返信・転送メールを、ショートカットキーですませても、入力欄を移動するときにマウスを使ったのでは、何のためにショートカットキーを使ったのかわからないからです。キーボードとマウスの間で、手の行き来をさせると、その瞬間に大幅に効率が落ちてしまいます。入力欄の移動をマウスでやると、全ての操作をキーボードで完結させることにはならないから、せっかくの効果が半減してしまうのです。

例えば、返信メールを打つ場合、最初にカーソルが表れるのは、本文欄です。件名は、「Re：～」と、元の件名を生かしたものになります。通常は、このままでも失礼に当たらない、いやむしろ、どのメールに対する返信なのかが、ひと目でわかるので、変にいじらないほうがよいくらいです。

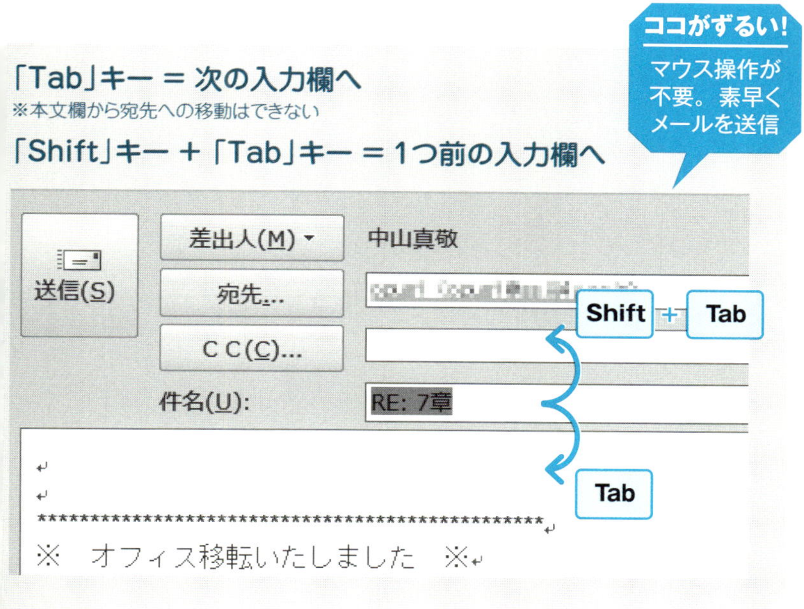
ココがずるい!
マウス操作が不要。素早くメールを送信
「Tab」キー = 次の入力欄へ
※本文欄から宛先への移動はできない
「Shift」キー + 「Tab」キー = 1つ前の入力欄へ
送信(S)
差出人(M)
中山真敬
宛先...
CC(C)...
件名(U):
RE: 7章
Shift
+
Tab
Tab
※　オフィス移転いたしました　※

しかし、メールアドレスの入力が面倒なので、過去にもらったメールを探して、これに返信する方法で、メールを作成することは非常に多いもの。そうなると、件名を変更しないと、相手も用件が何か、サッとわかりません。

ただ、本文欄にカーソルがある状態で、「Tab」キーを押しても、カーソルが一定の間を空けてジャンプするだけで別の入力欄には移動できません。こんなときは、「Shift」キー＋「Tab」キー。1つ前の入力欄に移動するワザは使えます。

そして、件名の入力が終わったら、「Tab」キーで本文欄へ。この場合、「Enter」キーを押しても、本文欄に移動できますが、「宛先」→「CC」→「件名」と、汎用性が高いのは、「Tab」キー。1つ覚えれば、幅広く使えるワザを使うべきです。

091 ショートカット

過去のメールを素早く見つけるうまい方法

迷惑メールや広告メールは別にして、ほとんどの人は受信したメールをずっと残しているでしょう。そして、残したメールを探して、内容を確認したり、そのメールに返信する形でメールを送ったりしているはずです。

しかし、仕事では、大量のメールを受け取ります。少ない人でも1日3、4通、多い人なら、数十通、数百通というメールをもらっているでしょう。そうなると、**「先週くらいの受信メール」であっても、スクロールして探し出すのは大変**です。

そこで、こんなときに活用したいのが、アウトルックの検索ボックス。メール一覧の上にある入力欄です。

ここに差出人の名前や、案件名など、メールに書かれているであろう言葉を入力して、検索すれば、メール一覧が、その条件を含むものだけに絞られる、という仕組みです。いちいち、検索を表すアイコンをクリックしなくても、言葉を入力すれば、即その検索結果が表示されます。

ただ、この検索ボックスをマウスでクリックして、カーソルを表示し、キーボードに手を移して差出人の名前や案件名などを入力、というのはやはり面倒です。**「Ctrl」キー＋「E」を押せば、サッと検索ボックスにカーソルが表示**されます。

実はこのワザ、覚えなくてもすぐ使えます。その理由は、アココがずるい！
マウスを使わず過去のメールの検索が可能

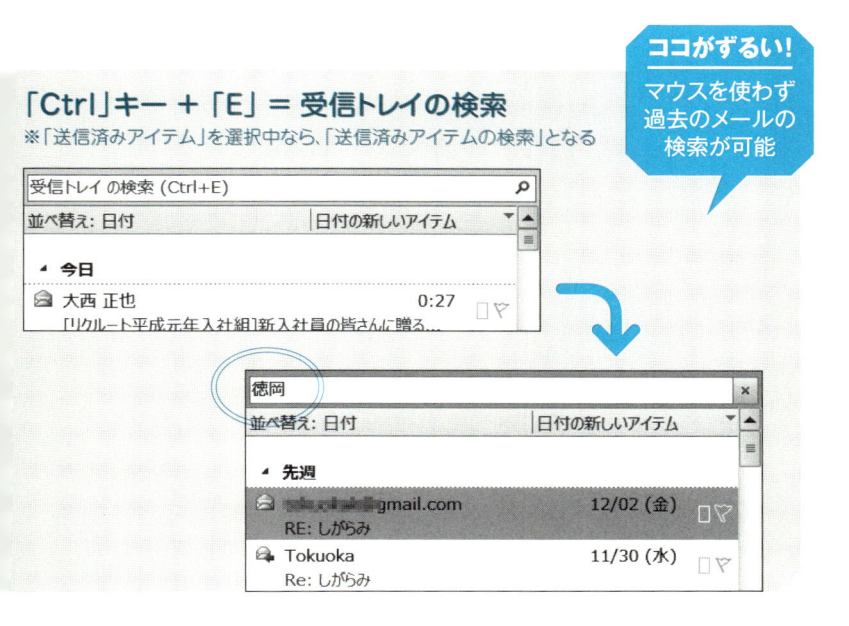

「Ctrl」キー ＋ 「E」 ＝ 受信トレイの検索

※「送信済みアイテム」を選択中なら、「送信済みアイテムの検索」となる

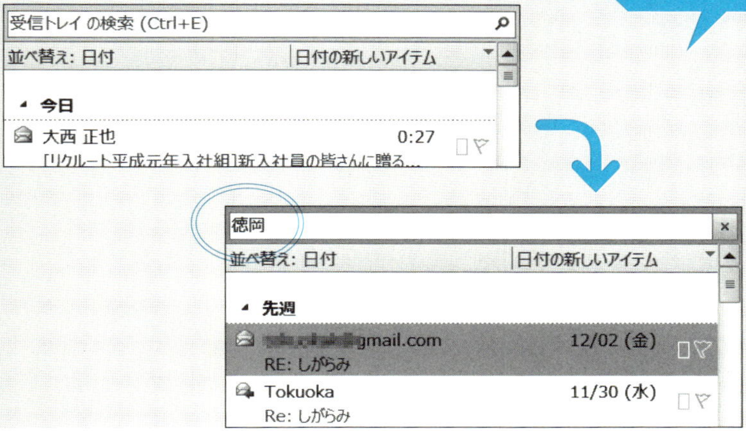

受信トレイ の検索 (Ctrl+E)
並べ替え: 日付
日付の新しいアイテム
今日
大西 正也
0:27
徳岡
並べ替え: 日付
日付の新しいアイテム
先週
12/02 (金)
RE: しがらみ
Tokuoka
11/30 (水)
Re: しがらみ

ウトルックの検索ボックスに、**薄い文字で「受信トレイの検索(Ctrl+E)」と書いてある**からです。おそらく、他のアプリでは使える「Ctrl」キー＋「F」が、メールの転送という別の機能に割り当てられているからでしょう。

このワザ、すぐ使える場所にあるのに、あまり使われていない理由は、入力した文字列を含むメールしか、検索結果に表示してくれないという誤解があるからかもしれません。確かに、メールの差出人は、「TOKUOKA」「徳岡」など、どう書かれているかは覚えていないものです。

しかし、**差出人名が「TOKUOKA」であっても、「徳岡」で検索すれば、検索結果に表示してくれます**。本文や署名の文字も検索の対象にしてくれるからですが、**簡単に使えて、即、時短につながる**ので、ぜひ使ってみてください。

092 ショートカット

マスターしたらcheck!

Webの表示を最新に更新するうまい方法

ヤフーなどのポータルサイトは、時々刻々とコンテンツが変化していきます。ニュースに限らず、株価情報や天気予報、電車の運行状況など、外出する直前に最新の情報をチェックすることが、みなさんもよくあるのではないでしょうか。

そんなとき、ブラウザのツールボタン（エッジの場合）やアドレスバー（インターネットエクスプローラーの場合）の更新ボタンをクリックするのは面倒です。繰り返しになりますが、マウスは細かい操作が苦手。しかもウィンドウの上部までポインターを移動するのは、かなりの距離があるからです。

もちろん、ブラウザの表示を最新のものに更新するショートカットキーはあります。しかも２つも。

１つ目は、「Ctrl」キー＋「R」。「R」は「Reload（再読み込み）」の頭文字。「Repeat」や「Reform」などの言葉もあるので、「Re」が「再」の意味であることは何となく知っていたと思います。つまり、このワザは、覚えやすいのが最大の長所。聞いたらすぐ覚えられるはずです。

ただ、「Ctrl」キー＋「R」は、少々押しにくいキーであることは確か。左手の小指で「Ctrl」キーを押さえ、左手の人差し指を「R」に伸ばすのが難しいという人は多いと思います。ブラウザを使う基本姿勢は、左手の小指を「Ctrl」キーに乗せて

「Ctrl」キー ＋「R」／「F5」キー
＝ブラウザの更新

ココがずるい！
いちいちマウスを使わなくても最新の情報をチェックできる

左手の小指で **Ctrl** を押しながら、左の人差し指で **R** 。
押しにくければ左手の好きな指で **F5** 一発

おき、右手でマウスを操作。メールの返信など、そのままキー入力を行う場合は、「R」を右手で押してもかまいませんが、ブラウザの場合は、そういうわけにもいきません。

そこで、用意されているもう１つのワザが「F5」キー。

これなら、左手の指１本で簡単に押すことができます。ただ、「Fいくつだっけ」と忘れがちで、覚えにくいのがこちらの難点です。

実際、私もしばらくは、覚えやすい「Ctrl」キー＋「R」のほうを使っていました。しかし、ヤフーのプロ野球速報で更新しているうちに面倒になり、指１本で押せる「F5」キーをもっぱら使うようになりました。覚えにくいといっても、繰り返しやっていたら、自然に覚えてしまうものです。

どちらが好みかは人それぞれですが、最新の情報をチェックできるブラウザの更新ワザは、忙しいビジネスパーソンにとって必携のワザでしょう。

ずるい仕事術 093 ショートカット

「お気に入り」をもっと活用すれば仕事ははかどる

ポータルサイト、乗り換え案内、ウィキペディア、業界情報のサイトなど、「よくアクセスするWebページ」がありますね。これらは、「お気に入り」に登録しておけば、簡単にアクセスできるので便利です――そのことは、みなさんご存じですね。

しかし、「お気に入り」の活用術は、それだけではありません。「お気に入り」と訳されていますが、元は「Bookmark＝本にはさむしおり」のこと。注目ニュースや、ビジネス解説記事、提案書に引用できそうな記事など、「とりあえず、見たいときにすぐ見られるようにしておきたい」というページは、どんどん登録するのが正しい使い方なのです。

「でも、お気に入りに登録するのが面倒。検索すればすぐ見つかるのだから、それで十分」という人がいるかもしれません。しかし、検索にはそれなりの時間がかかります。また、以前検索したページが、なかなか見つからないこともあります。検索結果はそのつど変わるし、検索したキーワードが思い出せないこともあるからです。

その点、お気に入りに登録すれば、すぐ開けます。しかも、簡単に登録する方法があります。それが、「Ctrl」キー＋「D」。エッジでも、インターネットエクスプローラーでも、グーグルクロームでも使えます。これを押せば、開いているページをお

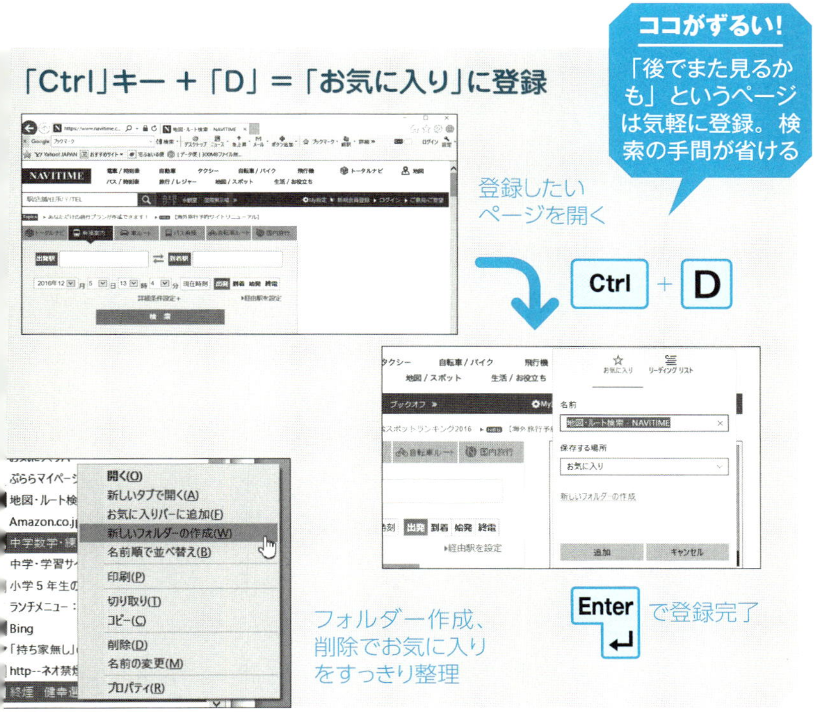
ココがずるい!
「後でまた見るかも」というページは気軽に登録。検索の手間が省ける
「Ctrl」キー ＋「D」＝「お気に入り」に登録
登録したいページを開く
Ctrl
D
Enter
で登録完了
フォルダー作成、削除でお気に入りをすっきり整理

気に入りに登録できるのです。

この方法で、お気に入りにたくさん登録すると、お気に入りの中からお目当てのページを探すのが大変だと思うかもしれません。しかし、お気に入りを表示して右クリックすると、フォルダーを作成できます。「X 社提案書」などとフォルダー名をつけて、関連するものをまとめれば、スッキリ整理できます。また、ドラッグして表示する順番を入れ替えることもできるし、用ずみのページは、右クリック→「削除」で簡単に削除できます。もっと気軽にお気に入りを使えば、いちいち検索して探す手間が大幅に省けるのです。

094 ショートカット

マスターしたらcheck!

ブラウザの操作をショートカットキーで加速する

ブラウザの操作は、リンクのクリックが大部分を占めます。したがって、マウスを使わざるを得ないのですが、それでも、マウスのポインターを大きく動かす操作をやめるだけで、かなりの労力を節約することができます。

例えば、ウィンドウ上部の「戻る」「進む」ボタンや「お気に入り」「ホーム」ボタンのクリックです。ブラウザの操作は、左手でキーボード、右手でマウス、というのが基本。ショートカットキーをいくつか覚えるだけで、一気に快適化します。

まず、ページの移動関連の操作は、「Alt」キー。「Alt」キー＋「←」で前のページ、「Alt」キー＋「→」で次のページに移動できます。そして、「Alt」キー＋「Home」キーで「ホーム」ページに戻れます。基本はこの３つ。

次に、「お気に入り」や「履歴」を表示する操作ですが、それぞれ「Ctrl」キー＋「I」、「Ctrl」キー＋「H」。これを覚えておけば、「Ctrl」キー＋「D」でお気に入りに登録した後、「お気に入り」を開くために、いちいちマウスを大きく動かす必要がなくなります。

新しいタブを開くショートカットキーは、「Ctrl」キー＋「T」。リンク先を別のタブで開きたければ、「Ctrl」キーを押しながらリンクをクリックすればすみますが、Web閲覧中に、ふと

ココがずるい!
マウスはリンクとスクロールのみ。二刀流で効率大幅アップ

左手でキーボード、右手でマウスが基本

ブラウザの主なショートカットキー	
Alt ＋ ←	前のページに移動
Alt ＋ →	次のページに移動
Alt ＋ Home	「ホーム」ページに戻る
Ctrl ＋ I	「お気に入り」を表示
Ctrl ＋ D	「お気に入り」に追加
Ctrl ＋ H	「履歴」を表示
Ctrl ＋ T	新しいタブを開く
Ctrl ＋ W	タブを閉じる
Ctrl ＋ Shift ＋ T	直前に閉じたタブを開く

別のことが気になり、調べたくなることがよくあります。こんなときは、別のタブで開けば、閲覧中のページをそのまま残しておくことができます。

そして閲覧が終わって、タブを閉じたければ、「Ctrl」キー＋「W」。これは、「Window」の頭文字で、タブを別々のウィンドウとみなし、「ウィンドウを閉じる」ということ。アドビリーダーなど、このワザでウィンドウが閉じられるアプリはたくさんあります。

もし、閉じるつもりがなかったウィンドウを誤って閉じてしまったら――こんなときも心配はご無用です。「Ctrl」キー＋「Shift」キー＋「T」で、直前に閉じたタブを再び開くことができます。このワザを使えば、いちいち履歴を開いたりして、再度開きなおす必要がなくなり、効率がアップします。

ずるい仕事術 095

マスターした! check!

「どのブラウザを使うか」で仕事のスピードが変わる

ブラウザの操作は、どれもほとんど同じ。「スペース」キーでスクロールできるし、「Ctrl」キー+「D」でお気に入りに登録できるし、「Alt」キー+「←」キーで前のページに戻れます。「Ctrl」キーを押しながらリンクをクリックすれば、別のタブで開けます。

しかし、使うブラウザの種類で仕事のスピードは大きく変わります。その差を生むのは「ホーム」の設定です。

現在、Windows用の主要なブラウザには、エッジ、インターネットエクスプローラー、グーグルクローム、ファイヤーフォックスの4つがあります。このうち、エッジとグーグルクロームは、「ホーム」を自由に設定できないのです。

検索がいつでもできる今、グーグルのトップページを「ホーム」に設定しても意味はありません。日常的に繰り返し見る、ヤフーなどのポータルサイトを「ホーム」に設定すれば、それだけで情報にアクセスするスピードが倍増します。そして「Alt」キー+「Home」キーで、「ホーム」をサッと開けます。

エッジとグーグルクロームは、最初に開くページを設定できるものの、「ホーム」は、それぞれ「マイニュースフィード」、グーグルのトップページとなっていて、変えられません。つまり、「いつでも戻れる」ページが決められているのです。

特徴を理解した上で使うブラウザを選ぶ

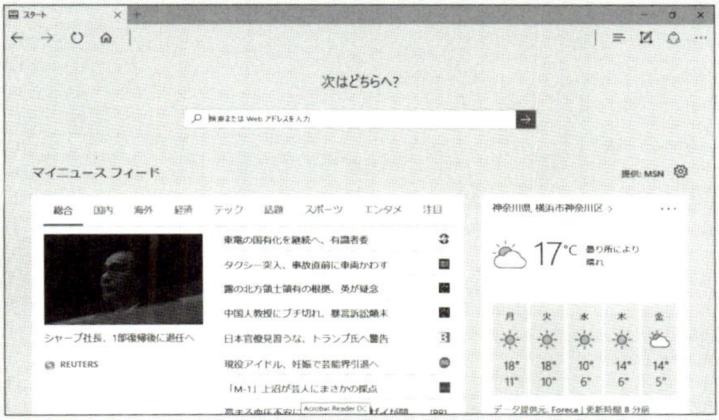
次はどちらへ?
マイニュース フィード
提供: MSN
総合
国内
海外
経済
テック
話題
スポーツ
エンタメ
注目
東電の国有化を継続へ、有識者委
タクシー突入、事故直前に車両かわす
露の北方領土領有の根拠、英が疑念
中国人教授にブチ切れ、暴言訴訟顛末
日本官僚見習うな、トランプ氏へ警告
現役アイドル、妊娠で芸能界引退へ
「M-1」上沼が芸人にまさかの採点
シャープ社長、1部復帰後に退任へ
REUTERS
神奈川県 横浜市神奈川区
17°C
月
火
水
木
金
18°
11°
18°
10°
10°
6°
14°
6°
14°
5°

〈エッジ〉

○ 専用の「マイニュースフィード」をカスタマイズできる
○ 表示したページに、書き込みができる
× 「ホーム」は「マイニュースフィード」で変更不可
× 検索エンジンの変更など、設定が面倒

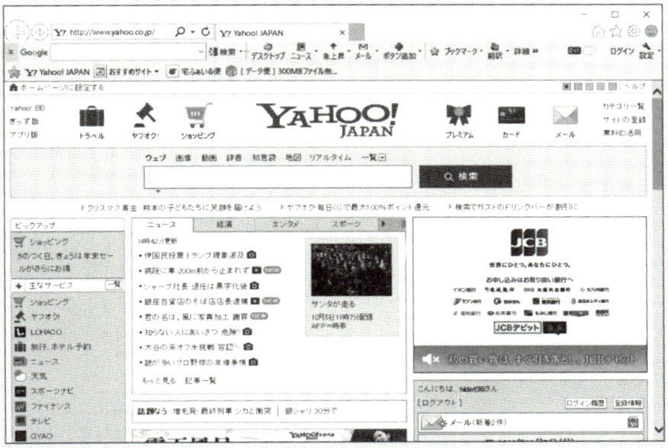
http://www.yahoo.co.jp/
Yahoo! JAPAN
YAHOO! JAPAN
トラベル
ヤフオク!
ショッピング
プレミアム
カード
メール
検索

〈インターネットエクスプローラー〉

○ 好きなページを「ホーム」に設定できる
○ グーグルツールバーをインストールできる
× スクリプトエラーがたびたび起こる

さらに、エッジの問題点は、グーグルツールバーをインストールできないこと。ウィンドウ左上の検索ボックスで、いつでも検索はできますが、グーグルの使い道はそれだけではありません。グーグルツールバーがあれば、グーグルのロゴをクリックして、グーグルのトップページを表示できます。地図やカレンダー、G メールなど、**グーグルに素早くアクセスできないと、仕事の効率が落ちてしまいます**。グーグルクロームは、その点では、問題なしと言っていいでしょう。

そんなわけで、私はずっと、グーグルツールバーをインストールしたインターネットエクスプローラーを使っていました。そして、起点となるページは、最新の天気予報やニュースをチェックできるよう、ヤフーを「ホーム」にしていました。

しかし、マイクロソフトがエッジへの切り替えを促すため、

新しいタブ
アプリ
履歴
Gmail
画像
Google
日本
Yahoo! JAPAN
Search

〈グーグルクローム〉

○ スマホ、タブレットとの親和性が高い
△「ホーム」はグーグルのトップページ
○ グーグルの各種サービスを利用しやすい
×「ホーム」を変更できない

Yahoo! JAPAN
www.yahoo.co.jp
YAHOO! JAPAN
大人たばこ養成講座
ちょっとは役に立つ(かもしれない)
恋する冬のお作法。
お届け中。
露天風呂付き客室のある宿
2016年12月5日(月)

〈ファイヤーフォックス〉

○ 操作は、インターネットエクスプローラーとほぼ共通
○「ホーム」を自由に変更できる
× グーグルツールバーがインストールできない
×「動作が重い」という人が多い。

アップデートをやめてしまったので、やたらスクリプトエラーを表示する画面が表れるようになりました。

そんなわけで、ブラウザを乗り換えることにし、いったんファイヤーフォックスを使いました。ただ、使っていると「メモリー膨張」という症状が起き、スクロールなどの動作が鈍くなってしまうのです。一応、この問題を解消する方法があるのですが、不満に思いながらも使い続ける人には向きません。Web 閲覧に時間がかかるのは、やはり致命的です。

結論としては、グーグルクロームをメイン、ファイヤーフォックスをサブのブラウザにしました。ともに、「ブックマークバー」を表示して、ヤフーやグーグルなどにすぐアクセスできるようにして使っています。

096 設定のみ

マスターしたら check!

メールのリンクを開くブラウザを変更する

ふだん使うブラウザを変えたとき、やらなくてはならないのは、「標準で使うブラウザの変更」です。

Windows10 で標準のブラウザに設定されているのは、エッジ。このため、メールのリンクをクリックすると、エッジで開いてしまいます。

大容量ファイル転送サービスやちょっと気になる記事を読むくらいなので、それくらいは我慢してエッジを使っても、かまわないといえばかまいません。しかし、私自身、「あ、エッジが立ち上がった」というだけで、ストレスの元ですし、ネット上のサービスの会員登録、パスワード設定を行うと、会員登録の確認メールが送られてきます。これをクリックして、エッジで開くと、別のブラウザで開くとき、改めてアカウントとパスワードの入力が必要になってしまいます。やはり、標準で使うアプリに変更しておいたほうが快適に使えるでしょう。

変更の仕方は以下の通りです。

「スタート」ボタンをクリックし、「設定」を選択。そして、「システム」→「既定のアプリ」を選びます。すると、ウィンドウの右側の部分に、標準で使うアプリが一覧で表示されます。ここで、「Web ブラウザー」を見ると、「Microsoft Edge」（エッジ）となっているはずです。

ココがずるい!

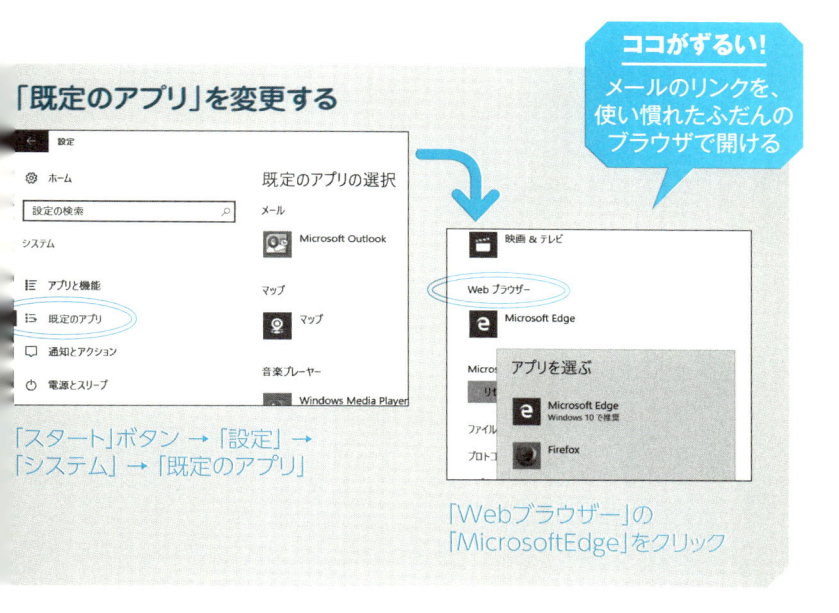

メールのリンクを、
使い慣れたふだんの
ブラウザで開ける

「既定のアプリ」を変更する

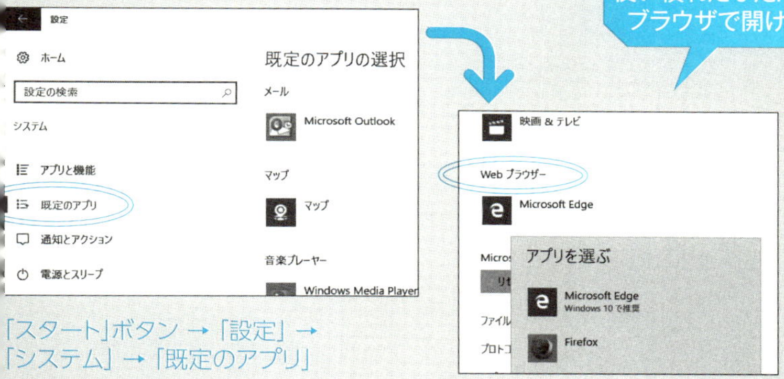
設定
ホーム
設定の検索
システム
アプリと機能
既定のアプリ
通知とアクション
電源とスリープ
既定のアプリの選択
メール
Microsoft Outlook
マップ
マップ
音楽プレーヤー
Windows Media Player
映画 & テレビ
Web ブラウザー
Microsoft Edge
アプリを選ぶ
Microsoft Edge
Windows 10 で推奨
Firefox

「スタート」ボタン → 「設定」 →
「システム」 → 「既定のアプリ」

「Webブラウザー」の
「MicrosoftEdge」をクリック

　これをクリックすると、インストールされているWebブラウザが一覧表示されます。この中から、標準で使うものをクリックして選べば完了です。

　設定が少々面倒ですが、ひんぱんに行う操作ではありません。**一度変更してしまえば、設定はそのまま**。後は快適に使えます。

　また、ブラウザだけでなく、他のアプリでも「標準で使うアプリの変更」は役立ちます。

　例えば、私が一番イライラするのが、写真などの**画像ファイルを加工しようと思ったとき。Windows10では、「フォト」というフォトビューアーで開く**からです。「編集」ボタンをクリックして簡単な加工はできますが、やはり、使い慣れている画像加工アプリのほうが使いやすいし、細かい加工も可能。同じ要領で変更しておくと、仕事がスムーズに運びます。

097 設定のみ

グーグルクロームをもっと便利に使う「ずるいワザ」

最近のブラウザは、常に検索ボックスが表示されている、あるいはアドレスバーにキーワードを入れてすぐキーワード検索ができるようになっています。このためか、グーグルツールバーは、インターネットエクスプローラー以外のブラウザへの対応をやめてしまいました。

グーグルの機能を使いこなしたいという人なら、グーグルクロームを選ぶのがいいと思います。グーグルクロームの魅力は、拡張機能やアプリがたくさん用意されており、簡単に機能追加を行えることです。

方法は、「Chrome ウェブストア」で検索。かなりわかりにくい場所にあるので、公式ページからリンクをたどっていくより、検索したほうが簡単です。

例えば、「Highlight Keywords for Google Search」という拡張機能。これをインストールするには、「Chrome に追加」ボタンをクリックするだけ。ウィンドウ右上にエンピツのアイコンが表れます。これをオンにすると、検索したキーワードが、ページのどこにあるか、背景色付きで目立たせてくれます。これだけで、情報収集のスピードが断然違ってきます。

実は、この機能はもともとグーグルツールバーにあったもの。しかし、追加できる機能が増えすぎたため、ユーザーが自分で

ココがずるい!
英語ができなくても、英語のページがスラスラ読める

グーグルクロームで情報収集力を高める

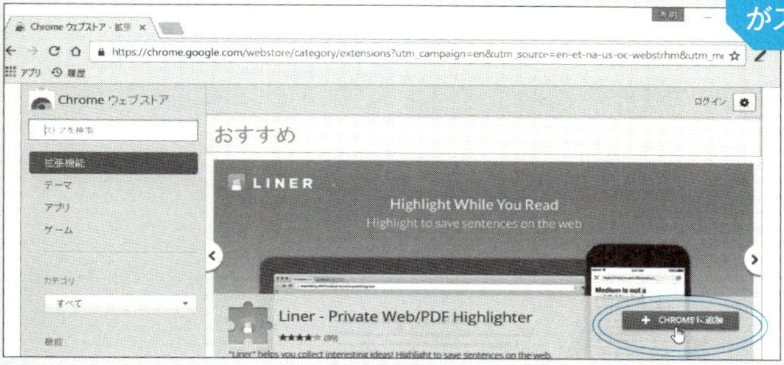
Chrome ウェブストア - 拡張
https://chrome.google.com/webstore/category/extensions?utm_campaign=en&utm_source=en-et-na-us-oc-webstrhm&utm_m
アプリ
履歴
Chrome ウェブストア
ログイン
おすすめ
拡張機能
テーマ
アプリ
ゲーム
カテゴリ
すべて
LINER
Highlight While You Read
Highlight to save sentences on the web
Liner - Private Web/PDF Highlighter
CHROME に追加

「Chromeウェブストア」で拡張機能を検索、追加

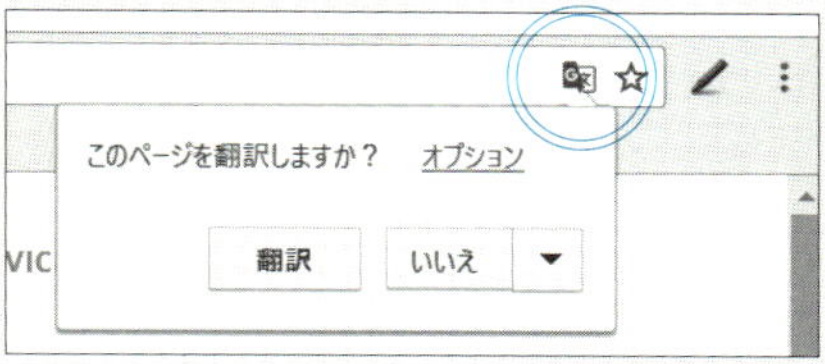
このページを翻訳しますか？
オプション
翻訳
いいえ

外国語のページも自動翻訳してくれる

選んで追加してください、ということになったのでしょう。

同様に、グーグルクロームで便利なのが、翻訳機能です。これもグーグルツールバーにあったものですが、グーグルクロームにはありません。しかし、グーグルクロームで日本語以外のページを表示すると、ウィンドウ右上に「このページを翻訳しますか」という表示が表れ、「翻訳」を選べば自動的に日本語に訳してくれます。つまり、グーグルツールバーはなくなったものの、グーグルクロームの中に収められているのです。

グーグルの翻訳は、今最先端のAIによるもの。非常に適確です。日本語のページだけでなく、外国のページまで情報収集できれば、すごい情報収集力が手に入ります。

098 ショートカット

マスターしたらcheck!

素早くPDF文書を回転させれば、仕事がはかどる

今やPDF文書は、仕事に欠かせません。Windowsパソコンだけでなく、Macでも、スマホでも、タブレットでも同じように閲覧できるのが最大の長所です。受け取ったPDF文書をアドビリーダーで読むだけではなく、エクセル、ワード、パワポは、リボンの「ファイル」タブ→「エクスポート」メニュー→「PDF/XPSドキュメントの作成」ボタンで、簡単にPDF文書を作成できます。PDF文書は、第三者が勝手に変更できないので、見積書や契約書などには不可欠。現代ビジネスパーソンの必須スキルと言ってよいでしょう。

PDFといえば、複合機でスキャンした書類、メールで送られてきた文書が、A4縦の文書なのに、A4横で画面に表示される、といったことがよくあります。これをいちいち、メニューバーの「表示」→「表示を回転」→「右90度回転」(「左90度回転」)を選ぶのは、じつに面倒です。

こんなときは、ショートカットキーで素早く回転させるのが一番。「右90度回転」が、「Ctrl」キー+「Shift」キー+「+」、「左90度回転」が、「Ctrl」キー+「Shift」キー+「－」です。

ただ、この2つ、どっちが右回転で、どっちが左回転だったか、なかなか覚えられるものではありません。ですので、結論から言えば、一方だけ覚えれば、それで十分です。

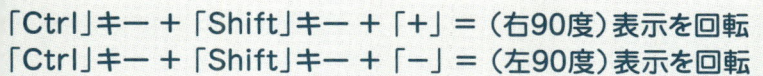

「Ctrl」キー＋「Shift」キー＋「＋」＝（右90度）表示を回転
「Ctrl」キー＋「Shift」キー＋「－」＝（左90度）表示を回転

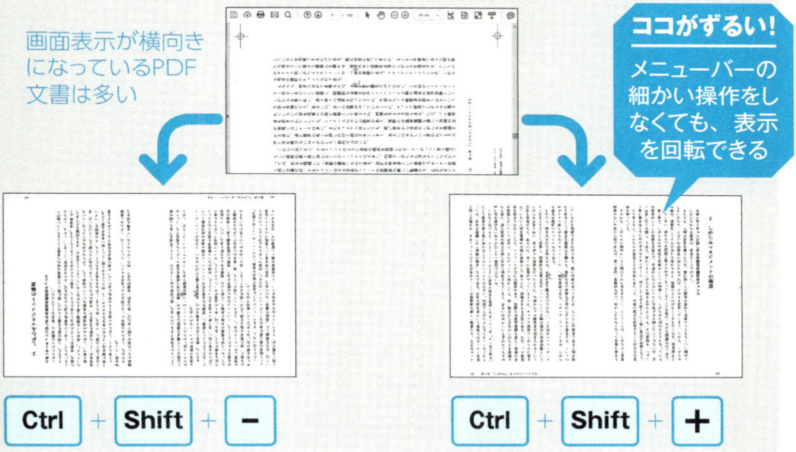

画面表示が横向きになっているPDF文書は多い
ココがずるい!
メニューバーの細かい操作をしなくても、表示を回転できる
Ctrl + Shift + －
Ctrl + Shift + ＋

「Ctrl」キー＋「Shift」キー＋「－」を押して、表示が上下さかさまになっても、「－」をあと２回押せば、正しく表示できるからです。

ちなみに、これらのワザから「Shift」キーを除いた、「Ctrl」キー＋「－」は縮小表示で、「Ctrl」キー＋「＋」なら拡大表示です。

ただ、「Ctrl」キーを押しながらマウスホイールを回したほうが、拡大にも縮小にも対応できるので便利。したがって、このワザを使う機会はあまりないでしょうが、「＋」で拡大、「－」で縮小と覚えやすいワザなので、この機会に覚えておくとよいかもしれません。小さくて読みにくいPDF文書の文字を、サッと拡大・縮小したいときにはなかなか便利だからです。

099 設定のみ

マスターしたらcheck!

PDF文書を素早く大きく表示する「ずるいワザ」

PDF 文書は閲覧するだけという人が圧倒的に多いと思います。しかし、アクロバットリーダーで PDF 文書を開くと、標準の状態では、ウィンドウの右側にツールパネルが表示されます。アドビリーダーは、文書の横幅に合わせて画面表示するため、ツールパネルがある分、文書の表示領域が小さくなり、縮小表示されて文字が読みにくい、ということがよく起こります。

PDF 文書を開いた後、ツールパネルと文書の間にある三角のボタンをクリックして、ツールパネルを非表示にすればよいのですが、どうせ使いもしないのに、いちいち非表示にする操作をしなくてはならないのは、効率的ではありません。

そこで、ツールパネルを最初から非表示にする方法が用意されています。まず、メニューバーの「編集」→「環境設定」を選び、「環境設定」画面で、左側のメニューから「文書」を選びます。すると「開き方の設定」の一番下に、「ツールパネルをそれぞれのドキュメントに開く」があるので、チェックボックスのチェックを外します。設定は「OK」ボタンをクリックすれば完了です。

ただ、これで安心してそのままアクロバットリーダーを終了させても、次に PDF 文書を開いたとき、今まで通り、ツールパネルは表示されたままになってしまい、「どういうこと？」

ココがずるい!
ツールパネルをいちいち非表示にする手間が不要になる

ツールパネルを非表示にする設定を行う

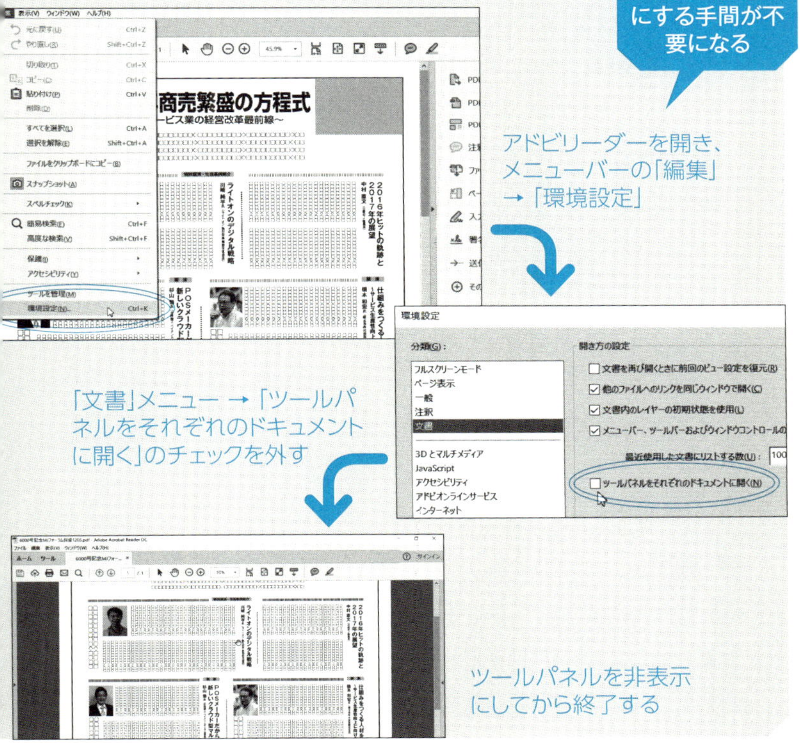
アドビリーダーを開き、メニューバーの「編集」→「環境設定」
「文書」メニュー →「ツールパネルをそれぞれのドキュメントに開く」のチェックを外す
ツールパネルを非表示にしてから終了する
商売繁盛の方程式
環境設定
分類(G)：
フルスクリーンモード
ページ表示
一般
注釈
文書
3D とマルチメディア
JavaScript
アクセシビリティ
アドビオンラインサービス
インターネット
開き方の設定
文書を再び開くときに前回のビュー設定を復元(R)
他のファイルへのリンクを同じウィンドウで開く(C)
文書内のレイヤーの初期状態を使用(L)
最近使用した文書にリストする数(U)：
ツールパネルをそれぞれのドキュメントに開く(N)

とかなり混乱させられます。終了する前に、ツールパネルはいったん非表示にしておかなくてはなりません。

こうすれば、PDF 文書を開いたとき、最初からウィンドウいっぱいに文書が表示されるようになります。毎度毎度、ツールパネルを非表示にする必要はありません。PDF 文書を読むのが速くなり、わかりきった操作をしなくてすむので、ストレスも大幅に解消されます。

マスターした check

コメントを書き込めば PDFのやりとりがはかどる

PDF といえば、画面上で閲覧するか、紙に印刷して使うだけ、という人は多いでしょう。文書の内容に問題があったときは、画面を見ながら電話をかけ、口頭でやりとりするのが一般的なようです。少なくとも私の周りはそうです。

しかし、電話をかけても、相手がすぐその PDF が見られる状態にあるとは限りません。要領を得ないやりとりになることのほうが多いのではないでしょうか。

そこで、PDF には、気になったことをどんどん書き込める機能が用意されています。「注釈」機能と呼ばれるものですが、ツールバーの吹き出しのアイコンをクリックしてオンにし、マウスで気になった箇所をクリックすれば、吹き出し型のマークが表示され、コメントを書き込むことができます。

この機能にも、「Ctrl」キー＋「6」というショートカットキーがありますが、覚えにくい上、吹き出し型のマークをマウスで該当箇所に動かさなくてはなりません。そんなことなら、最初からマウスでツールボタンをクリックしたほうが、結局早いと私は思います。「原価が高すぎるのでは？」「データの出所を教えてください」など、気になったところに、どんどん注釈を入れていきましょう。

注釈機能があまり使われないのは、吹き出しのマークがやや

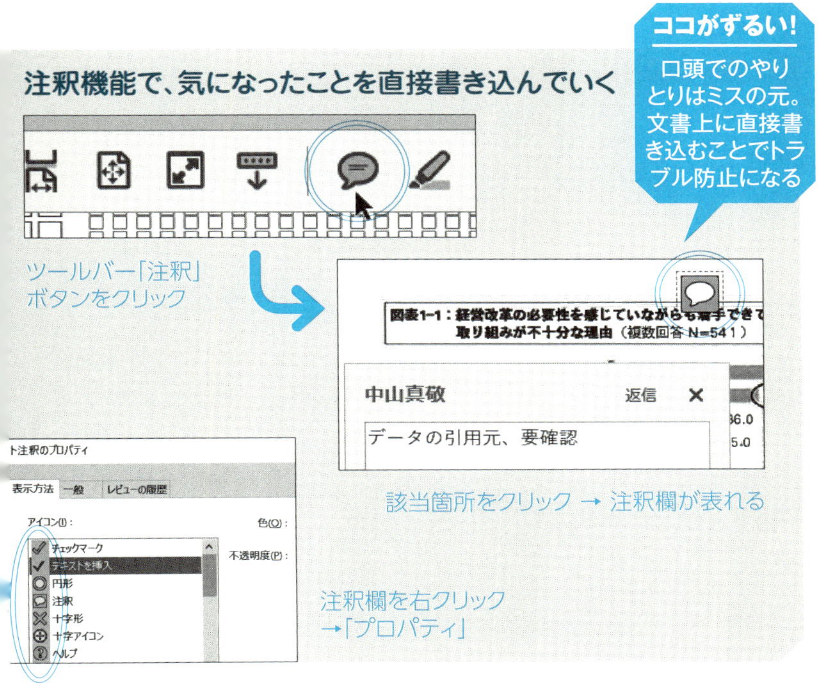
注釈機能で、気になったことを直接書き込んでいく
ココがずるい!
口頭でのやりとりはミスの元。文書上に直接書き込むことでトラブル防止になる
ツールバー「注釈」ボタンをクリック
図表1-1：経営改革の必要性を感じていながら着手できて
取り組みが不十分な理由（複数回答 N=541）
中山真敬
返信
データの引用元、要確認
該当箇所をクリック → 注釈欄が表れる
ト注釈のプロパティ
表示方法
一般
レビューの履歴
アイコン(I)：
色(O)：
不透明度(P)：
チェックマーク
テキストを挿入
円形
注釈
十字形
十字アイコン
ヘルプ
注釈欄を右クリック
→「プロパティ」

くだけた印象であることも大きいように思います。しかし、このマークは変更可能。注釈の小ウィンドウを右クリックして、「プロパティ」を選べば、チェックマークなどに変えることができます。

ビジネスでは、証拠になるため、「書面でください」と言われることがよくあります。見積書などの PDF 文書も、疑問点や指摘、要望などはきちんと形にしておいたほうが、トラブル回避につながります。トラブル対応は、仕事時間のかなりの割合を占めます。「電話で話したほうが早い」と思いがちですが、結果的には、きちんと PDF 文書上にコメントを残したほうが、仕事の効率化につながるのです。

ずるい仕事術 101

マスターしたら check!

「ここが重要!」をハイライト表示で目立たせる

PDFの注釈機能は、相手とのやりとりが必要な場合や、忘れてしまいそうなこと（「要、データのアップデート」など）には非常に有効です。しかし、キーワードを示したいときなど、どこにあるかが目立つようになっていれば、それで十分だというケースも少なくありません。

こんなときに役立つのが、「ハイライト表示」という機能です。注釈機能と同様、ツールバーの「ハイライト表示」ボタンをクリックすれば、文書の好きなところに黄色を付けることができます。かなりどぎつい黄色なので、カラーの文書でも、ぱっと見てすぐに気づきます。「そうは言っても、もう少し上品な色にしたい」というなら、ハイライト表示した部分を右クリックし、「プロパティ」を選べば、表示色の変更も可能です。

ハイライト表示で注意したいのは、エクセル、ワードなどの文書をPDF化した「生きたテキスト」入りの文書と、書類をスキャンした画像ベースの文書とでは、ハイライト表示の方法が違うということ。前者は、指定したテキスト部分をきれいにハイライト表示にできますが、後者は、マウスのフリーハンドの黄色い線。あまりきれいには描けません。

ただ、フリーハンドの黄色い線が汚く見えるのは、標準の設定の線が太いことも大きな原因。ハイライト表示の部分を右ク

大切な部分は「ハイライト表示」にしておく

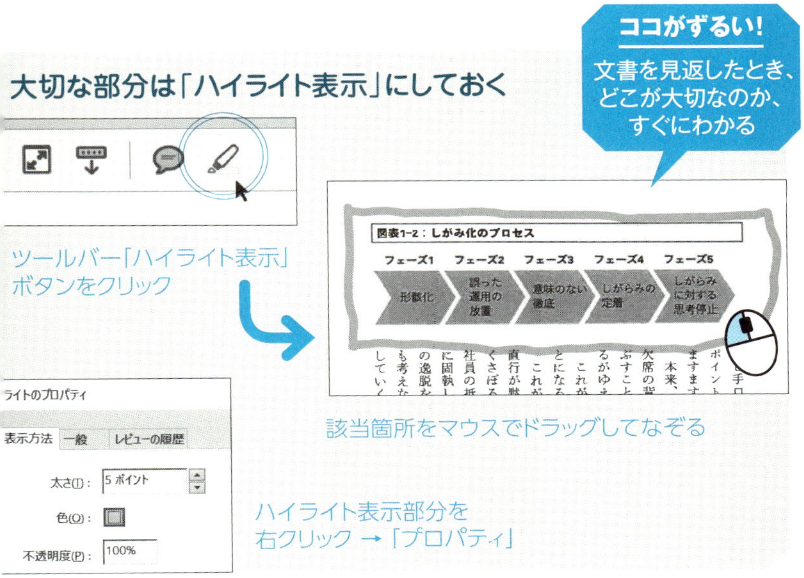

ココがずるい!
文書を見返したとき、どこが大切なのか、すぐにわかる
ツールバー「ハイライト表示」ボタンをクリック
図表1-2：しがみ化のプロセス
フェーズ1
フェーズ2
フェーズ3
フェーズ4
フェーズ5
形骸化
誤った運用の放置
意味のない徹底
しがらみの定着
しがらみに対する思考停止
該当箇所をマウスでドラッグしてなぞる
ライトのプロパティ
表示方法
一般
レビューの履歴
太さ(I)：
5 ポイント
色(O)：
不透明度(P)：
100%
ハイライト表示部分を右クリック →「プロパティ」

リックして、「プロパティ」を選んで、線の色だけではなく線の太さも変えることができます。そして、「プロパティをデフォルトとして使用」にチェックを入れて「OK」ボタンをクリックすれば、次からは設定しなおした細い線でハイライト表示がなされるようになります。

本を読むとき、大切な部分やキーワードにアンダーラインを書き込む人は少なくありません。こうしておけば、後で見返したときに、どこが大切なのかが素早くわかるからです。何も書き込みをしなかった本から、「あれが書いてあったのはどこだっけ？」と探す手間と時間は大変なもの――PDF文書についても同じことが言えます。

ハイライト表示で大切な部分がすぐわかるようにすれば、後の仕事の効率がまるで違ってくるのです。

ずるい仕事術 102

仕事が速い人は「メモ帳」をよく使う

よく使う人は非常によく使うが、使わない人は全く使わないアプリ、それが「メモ帳」です。ふと思いついたアイデアやメモを書き留めるには、メモ帳が一番。ワードでもできるのに、なぜかと疑問に思う人もいるでしょう。

メモ帳は、「エディター」という種類のアプリです。文字の大きさを変えることもできなければ、中央揃えのように配置を変えることもできません。つまり、文字の入力に徹した非常にシンプルなアプリです。その分、アプリを起動する時間もあっという間。例えば電話で、相手の伝言を書き留めなくてはならないとします。ワードだと、「少しお待ちください」と言って、立ち上げるまで相当時間がかかります。メモ帳ならあっという間――この軽快さが魅力のアプリなのです。

その魅力を引き出せるよう、メモ帳はタスクバーにピン留めしておく、これが仕事が速い人の鉄則です。

ココがずるい

立ち上げ時間は約1秒。いたいときすぐ使える

メモ帳はタスクバーにピン留め

ペイント
メモ帳
文字コード表
リモート デスクトップ接続
Xbox
Groove ミュージ...
トランプ氏、中国の通貨切り下げ批判
リンク
メモ帳

103

マスターしたら
check!

「メモ帳」に日付と時間を記録する「ずるいワザ」

文字入力に徹したシンプルなアプリ、メモ帳。機能はほとんど付いていませんが、意外な便利機能が用意されています。それが「日付と時刻」です。

メモ帳を立ち上げた状態で、「F5」キー――やることはたったこれだけ。これで、メモ帳に、そのときの時刻、例えば「3:05 2016/12/06」という文字が入力されます。

よく、「ビジネスの基本は時間」と言われますが、例えば、作業の開始時間、終了時間を記録するとか、電話の用件をメモ帳に入力した後、その時間を記録するとか――時間管理に敏感になります。そして、他のアプリと別にメモ帳を開いていても、軽快なアプリなので、パソコンに負荷は全くかかりません。

「F5」キー ＝ メモ帳で、「日付と時刻」を記録

ココがずるい!
軽快なアプリで、素早く時間を記録できる

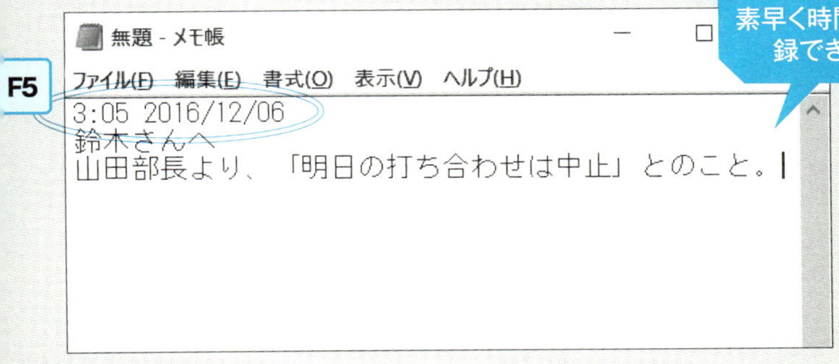
無題 - メモ帳
ファイル(F) 編集(E) 書式(O) 表示(V) ヘルプ(H)
F5
3:05 2016/12/06
鈴木さんへ
山田部長より、「明日の打ち合わせは中止」とのこと。

おわりに

最後までお付き合いくださったみなさん、本当にありがとうございました。

ショートカットキーなどのワザを全て知っている人間など皆無でしょう。学校や会社は教えてくれないし、全てを網羅した体系書もありません。アプリやWindowsもバージョンアップを繰り返し、なくなったワザ、新しくできたワザもあります。

人がワザを使っているのを見て盗んだり、いろいろ試してみて発見したり、たまたま違うキーを押したら、予想しなかったワザだったり……。私自身、不便さにうんざりして、ネットで調べたこともありますが、大半はパソコンを使いながら、少しずつ身につけていったものです。

例えばエクセルで、ワークシートの左上の□をクリックすると、ワークシート全体を選択できます。実は、「Ctrl」キー＋「A」で選択していた私は、そのことを知りませんでした。エクセルの達人と言われた職場の事務社員がやっているのを見て、びっくりしました。そして、「こんな基本的なことも知らないの？」と意外そうな顔をされました。

本書で紹介したワザの中には、「当たり前じゃないか」と思ったものもあったと思います。しかし、当たり前と思うことは、人それぞれ違います。そこが、ワザの選定にあたって一番頭を痛めたところでしたが、研修などで知らない人が多かったもの、教えてあげると非常に喜ばれたもの、驚かれたものを思い出しながら、役に立つ優先順位の高いものを選んでいきました。

逆の見方をすれば、本書で紹介したワザ全てを実践している人はまずいません。「これは役立ちそうだ！」と気に入ったものから仕事に取り入れていけば、十分効果があります。気楽に構え、少しずつワザを修得してもらえればと思います。

今や、パソコンは身近な道具です。仕事でもかなりの時間をパソコンに割いています。私はパソコンマニアではありませんから、パソコンをいじっているのが楽しいとは感じません。そこから、いかに短時間で同じ作業を終わらせるか、という意識をもつようになりました。

人間、一生の時間には限りがあります。

とりわけ、最近は過労死事件がクローズアップされ、残業をいかに減らすかが重要なテーマになっています。月末の金曜日は午後３時に仕事を終える「プレミアムフライデー」が始まるようですが、仕事がたまってほかの日にしわ寄せが来たり、仕事が滞ったりしたのでは意味がありません。

みなさんが、パソコンに使っている時間を今よりも短縮して、その分、生産的な仕事や、心を豊かにする余暇の時間、家族との時間を増やし、より豊かな人生を送られることを心より願っております。

中山真敬

【著者プロフィール】
中山真敬（なかやま・まさたか）
1965年、兵庫県生まれ。株式会社ユア・ブレーンズ代表取締役社長。
89年、東京大学法学部卒業後、株式会社リクルート入社。同社退職後、フリーランスとして活躍。パソコン誌・ビジネス誌などの編集長を歴任した後、ユア・ブレーンズを設立。編集・出版活動のほか、経営コンサルティング、人材育成等を行っている。70万部超のベストセラー『たった3秒のパソコン術』（三笠書房知的生きかた文庫）、『入社1年目のエクセル仕事術』（秀和システム）など著書多数。

装丁・本文デザイン・DTP　オーパスワン・ラボ
イラスト　Dashk

一瞬で片づく! ずるいパソコン仕事術

2017年2月9日　第1刷発行
2024年6月20日　第5刷発行

著者　　中山真敬

発行人　関川 誠
発行所　株式会社 宝島社
〒102-8388　東京都千代田区一番町25番地
電話　営業：03-3234-4621
編集：03-3239-0646
https://tkj.jp

印刷・製本　株式会社光邦

ISBN978-4-8002-6331-5